FUORI SCENA

Raccontiamo quello che non si vede

PAOLO BERIZZI

Il libro segreto di CasaPound

FUORI SCENA

FUORI
SCENA

ISBN 979-12-225-0087-4
Prima edizione: ottobre 2025

Questo libro

Questo libro nasce da un incontro totalmente inaspettato. Il 6 giugno 2020 – accompagnato dai carabinieri della mia scorta – seguo la manifestazione di CasaPound contro il green pass in piazza Santi Apostoli a Roma: verrà ricordata come la protesta delle «mascherine tricolori», in realtà un mezzo flop. Finito il presidio statico dei militanti neofascisti, a un paio di centinaia di metri dalla piazza si avvicina una ragazza senza nessun apparente segno che rimandi a CasaPound e alle «mascherine». Gli uomini della scorta la lasciano avvicinare. Mi dice: «Le sembrerà strano, ma se vuole sapere la verità su CasaPound contatti questo numero...». Mi lascia un bigliettino, saluta e si allontana.

Inizialmente questa modalità mi sorprende e mi fa anche un po' sorridere. Penso a uno scherzo, anzi, a una trappola. Perché una sconosciuta per strada mi avvicina per offrirmi l'opportunità di raccogliere i presunti segreti della più importante e strutturata organizzazione neofascista italiana degli ultimi vent'anni?

Dal 2000 faccio inchieste e denuncio i gruppi della galassia neofascista e neonazista; da sei anni – a causa delle minacce che ricevo per questo mio lavoro – vivo sotto scorta. Una persona mi ferma per strada e mi lascia un numero di telefono? Sembra tutto poco credibile.

Mi dimentico di quell'incontro ritenendolo uno scherzo, una provocazione o qualcosa di simile. Finché, mesi dopo, in seguito a un mio tweet su X, mi scrive in privato un utente: in poche parole mi dice di essere disposto a raccontarmi cose inedite su CasaPound. E che aveva già provato a contattarmi facendomi consegnare un numero telefonico dalla sua compagna dopo la manifestazione delle già citate mascherine tricolori. Nel messaggio su X l'utente scrive un numero di telefono. Non ho conservato il bigliettino della ragazza. Forse è lo stesso numero, forse no. Passato qualche giorno decido di contattare l'utente anonimo di X. Lo scetticismo iniziale non svanisce durante la telefonata. Nemmeno dopo che la fonte – perché chi è dall'altra parte del telefono diventerà la fonte parlante di questo libro, con un'espressione desueta si potrebbe dire la «gola profonda» – cerca, tra qualche comprensibile imbarazzo reciproco, di sgombrare il mio campo dai sospetti fornendomi qualche elemento che possa deporre a favore della sua credibilità. E del motivo della telefonata.

Parliamo una decina di minuti. Mi dice che vorrebbe incontrarmi e raccontarmi. Di CasaPound, di cui è un militante di primo livello. Di tante cose mai uscite. Alcune delle quali sorprendenti, altre molto scomode. Per tanti. Anche per chi oggi è al governo del Paese. E, certo, vorrebbe parlarmi anche della sua lunga militanza – ancora in corso – lì dentro. In poche parole: chi mi contatta è pronto a «tradire» il gruppo. Un gruppo in cui il militante ha molto creduto ma nel quale, mi spiega, non crede più. O non come prima. Anche perché in vent'anni CasaPound è molto cambiata: «non in meglio», secondo la fonte.

Faccio delle verifiche. Chiamo altre fonti, soprattutto romane, per capire se si tratta davvero di un militante di primo livello di Cpi (acronimo di CasaPound Italia) o se sono di fronte a un millantatore. Più fonti convergenti mi confermano che sì, si tratta di un militante di lungo corso del movimento neofascista. Ovviamente tengo coperto il vero motivo delle mie indagini sulla persona. La voce che mi aveva parlato al telefono aveva finalmente un volto. Il suo nome ricorreva anche in alcune cronache giornalistiche e nelle chat d'area. Tecnicamente chi mi ha contattato non è un «pentito», ed è fuorviante immaginarsi una figura tipo il pentito di mafia. Però sì, è uno che, da dentro un'organizzazione di estremisti politici neofascisti, era pronto a vuotare il sacco. A parlare con il «giornalista infame». «Il più infame», mi corregge la fonte durante la nostra seconda telefonata, nella quale mi spiega come vengo visto da anni da capi, capetti e militanti di CasaPound. Vuotare il sacco, dunque. A che prezzo? Nessuno, a parte i rischi per l'incolumità della fonte. Che con questo libro, agli occhi dei suoi camerati diventerà a sua volta «infame». Questo sarà – ovviamente – un tema centrale e ricorrente durante la raccolta del materiale, la stesura e la lavorazione.

Alla fine di uno dei nostri colloqui, ottenute le garanzie a sua tutela, fissiamo un appuntamento. L'incontro avviene un paio di mesi dopo. Decido di procrastinare per vari motivi: anche per cautela. Un faccia a faccia, data la mia situazione, avrebbe potuto essere scivoloso, o comunque non immune da insidie. Dopo il primo appuntamento – ne seguiranno molti altri – capisco che si può iniziare a intavolare un rapporto di scambio e di confronto con la fonte. Accenna a fatti, temi, aneddoti, protagonisti, vittime e carnefici. Inizio ad annotare su un taccuino. Ne riempirò una dozzina.

Il ragionamento che faccio, mano a mano che con la fonte iniziamo a vederci e a parlare, parte da un primo punto, e sempre lì torna: peso il rischio di essere «usato» per regolare conti interni a CasaPound. È questo che vuole? Forse è anche questo. Ma non è l'aspetto prevalente. Nel racconto l'elemento che domina, e che emerge con forza, è la potenza della parola, la testimonianza diretta, dall'interno, tra le pieghe e gli ingranaggi dell'organizzazione. Di ogni fatto, di ogni episodio la fonte mi mette a disposizione documenti, chat, messaggi, fotografie, audio. Le famose «pezze d'appoggio». Tutto è «in calce». Capisco che quella mole di materiale non solo può reggere un libro, ma deve diventarlo. Con urgenza. La fonte mi sta «consegnando» un libro necessario e inedito proprio perché, per la prima volta, avrebbe svelato i segreti di CasaPound raccontati da un militante. La sua testimonianza esclusiva dà finalmente delle risposte alle tante domande che per troppi anni noi cronisti ci siamo posti senza riuscire a soddisfarle, a partire dai finanziatori dell'organizzazione.

La genesi del libro non è stata facile. C'era in ballo la sicurezza e la tutela della fonte rispetto anche alla mia situazione. E poi la delicatezza di alcune storie. Infine, non ultimo, il coraggio dell'editore – che ringrazio – nel clima politico attuale.

QUESTO LIBRO

Un libro di inchiesta è tanto più efficace quanto più sono dirette e importanti le voci che si trovano all'interno. In queste pagine troverete una sola voce, densa, preziosa come un diamante per la conoscenza collettiva. È la voce di un militante neofascista che solleva il velo nero che copre il suo gruppo e che vi guiderà alla scoperta di un mondo ancora troppo oscuro. Un mondo che ci riguarda tutti, perché il neofascismo – soprattutto quando è sdoganato, sfacciato, protetto e coperto direttamente o indirettamente da chi ha in mano il potere – è pericoloso per la democrazia.

La paura, e la voglia di raccontare tutto

Non so ancora se e quanto resterò in CasaPound. Uscire è ancora più complicato che entrare. Soprattutto adesso. È peggiorato il clima di sospetto e di tensione, anche gratuita, spesso immotivata. Ho partecipato a campagne denigratorie sui fuoriusciti. Anche a trattamenti «educativi» per chi ha lasciato la comunità, magari con spiegazioni e giustificazioni che non stavano in piedi e che la direzione non gradiva. Se esci per motivi famigliari o lavorativi si accetta: non militi più, va bene, ma resti comunque un simpatizzante. Se invece lasci di punto in bianco, senza motivazioni plausibili, e la cosa non sta bene al capo sezione, scattano le spedizioni punitive.

La paura la senti. Per paura capita che un militante non si decida a lasciare e vada avanti a vivacchiare in una situazione che gli crea disagio. Che lo scava dentro. Che lo prosciuga. Un *miles* consumato, scarico, che ha perso la voglia di lottare ma non lo può dire.

Oggi, passati ventidue anni da quando sono entrato in Cp (i militanti di CasaPound la chiamano così), ci sono ancora, ma con un piede più fuori che dentro. Se e quando deciderò di andarmene, so che proveranno a farmela pagare. Lo hanno già fatto. Con qualcuno solamente con quattro sberle, con altri facendogli terra bruciata intorno, bollandoli come traditori agli occhi delle varie comunità. Sia le nostre sia quelle di altri gruppi o associazioni collegate a CasaPound.

Aspetto che succeda qualcosa, forse anche dentro di me. Qualcosa che mi dia lo slancio per uscire e riprendermi la vita fuori dall'organizzazione. Magari inconsciamente aspetto che chiuda tutto, che non rimanga più nulla. Può darsi che i processi in corso – Torino, Bari, Napoli – portino alla chiusura di CasaPound. Nel direttivo lo sanno. Il fatto che la «torre» non sia ancora stata sgomberata non significa che l'organizzazione vivrà a lungo.

Gianluca Iannone – il gran capo e fondatore di Cp – nello slogan diceva: «Mille anni alla vittoria». Non credo che l'organizzazione abbia davanti ancora mille anni. Credo, anzi, che il conto alla rovescia sia già iniziato.

La presa della «torre»

La notte di Roma

Roma. Le ventitré e quarantacinque di venerdì 26 dicembre 2003. Quartiere Esquilino. Simone Di Stefano, ventisette anni, romano della Garbatella – origini ebraiche da parte materna –, cammina in via Napoleone III. La strada è insolitamente quasi deserta. Sono giorni di ferie, la gente è a casa a festeggiare. Era la nostra notte. Sapevamo tutti che se le cose fossero andate come dovevano, sarebbe stata una notte di festa. La nostra festa. Il vero botto dei «fascisti del terzo millennio». O semplicemente «fascisti», come dice Gianluca Iannone. Tutto stava succedendo lì, nel cuore di Roma, la capitale d'Italia.

In strada, insieme a Di Stefano ci sono quattro persone: Iannone, Paolo Sebastianelli, detto «Cerino» o «Cero», e i fratelli Gianluca e Alessandro Giombini, per gli amici semplicemente «Gianlucone» e «Manolo». Tutti e cinque romani e neofascisti. Tutti militanti di CasaPound, l'organizzazione nata da una costola di CasaMontag, la prima

Onc (Occupazione non conforme) realizzata il 12 luglio 2002 a Roma e guidata sempre da Gianluca Iannone: diventerà il nostro primo simbolo per quanto riguarda le occupazioni a scopo abitativo.

Alcuni dei cinque di quel 26 dicembre – come tanti di noi – si sono conosciuti nel circolo del Fronte della Gioventù di Colle Oppio. Lo stesso dove sono cresciuti Giorgia Meloni e altri esponenti di spicco di Fratelli d'Italia (tra gli altri Francesco Lollobrigida e Fabio Rampelli). Il che spiega alcune cose interessanti che nessuno, fuori dal nostro circuito – e anche da quello di Fratelli d'Italia (FdI) –, ha mai saputo. Cose mai venute fuori pubblicamente.

Nella notte romana il gruppetto avanza a passo svelto in direzione del civico 8 di via Napoleone III. Sono vestiti normali: niente simboli, nessun segno riconoscibile che rimandi a Cp. Non c'era bisogno, sarebbe stato controproducente. E poi, a differenza di altri movimenti, noi non abbiamo mai avuto il mito o il culto della divisa. Alla fine è roba superflua. Il «look fascio» – a parte il discorso Pivert (marchio di abbigliamento di proprietà del dirigente romano Francesco «Nervo» Polacchi) e il merchandising degli ZetaZeroAlfa (il gruppo musicale fondato da Gianluca Iannone, preesistente a Cp) – non ci è mai interessato, o comunque non così come può sembrare dall'esterno. Di certo non nella sostanza. Siamo andati oltre lo stereotipo perché lo riteniamo obsoleto. Se sei fascista ti riconosci nell'Idea, non hai bisogno di impressionare per come ti vesti o perché sembri un duro, con gli anfibi, il bomber e il cranio rasato.

In via Napoleone III i cinque incursori puntano dritti al portone del palazzo. Diventerà la nostra casa. La tana, il rifugio, il bunker. Il baluardo dell'Idea. Da quel 26 dicembre il palazzo lo chiamiamo «la torre». Il bell'edificio umbertino di sette piani di proprietà del Demanio e assegnato al ministero dell'Istruzione. Un posto che nemmeno in sogno avremmo mai pensato di poterci prendere. Di occuparlo, di farlo diventare una sede politica e uno spazio dove abitare.

A guidare il blitz che sta per compiersi è Di Stefano. Era stata sua l'idea di occupare quell'edificio pubblico. Era andato in fissa, non pensava più ad altri posti: solo a quel palazzo enorme e vuoto da troppi anni. Aveva testa solo per quell'occupazione; ripeteva sempre che se avessimo preso il palazzo, il movimento sarebbe decollato.

Di Stefano ha una sensibilità sociale vera, non gliene frega niente degli affari. Proviene da un quartiere e da una famiglia che, per sfortunate vicende, si è trovata in emergenza abitativa. Lui pensa a chi fa fatica a vivere perché per lui il fascismo è quello. La sua anima è socialista. Poi anche lui farà degli errori grossolani, e pure la sua linea traballerà fino a perdere credibilità. Ma la visione-Di Stefano all'epoca era condivisa: una visione che Cp ha perso di vista, o usato come ombrello. Una parvenza. Dopo anni ho capito che era una facciata, un'immagine che all'esterno serviva per far girare la narrazione dei «fascisti buoni», i «fascisti originali»: una storiella che per lungo tempo ha avuto successo. E ha convinto anche gente insospettabile.

Come Robin Hood

Diciamo che Di Stefano, che di CasaPound è cofondatore, ed è stato vicepresidente e segretario nazionale, era mosso dall'ideale robinhoodiano di sottrarre allo Stato un bene inutilizzato per darlo a chi ne aveva bisogno. Ma anche dal fatto che molti dei neofascisti romani che si erano ritrovati intorno al movimento della tartaruga frecciata (il nostro simbolo, creato da Gianluca e Simone, aveva lo scopo di associare graficamente la casa, che è il cuore di tutto, e le frecce che rimandano al ritorno dell'ordine dal caos) erano senza casa, per via delle precarie condizioni socio-economiche delle famiglie d'origine. Un giorno, dopo una riunione, Di Stefano fa: «Stanno tutti appresso a 'sti cazzo di immigrati, in Italia se non sei immigrato nessuno te se 'ncula... Noi stiamo con gli italiani che stanno alle pezze... Poi, certo, ci siamo pure noi, non è che noi nun ce stamo». Questo era – inizialmente – l'ideale delle Osa (Occupazioni a scopo abitativo) portate avanti da CasaPound, e fin lì quasi sempre fallite. La parola d'ordine era che sul palazzo dell'Esquilino non si doveva fallire: lì volevamo fare il colpo. Volevamo che se ne parlasse, che ne parlassero tutti. La storia che i fasci non fanno niente per la povera gente... basta, ci eravamo stancati. Poi le cose alla fine sono andate in un altro modo, ma insomma, ecco, allora ci credevo, ci credevamo in tanti.

Per individuare il palazzo da occupare – scegliendolo tra altri disabitati e sfitti – Simone Di Stefano aveva fatto ricerche certosine al catasto. Anche scontrandosi con Gianluca Iannone. Lui, dopo altri sgomberi subìti, non voleva occupare in via Napoleone III: era contrario. Quel palazzo, diceva, era meglio lasciarlo stare. In tanti pensavamo che, di fondo, Iannone avesse una sensibilità diversa, meno popolare, meno socialista. Anche l'estrazione contava. Iannone è figlio di un dirigente Rai, famiglia benestante, nato e cresciuto in una villa fuori Roma. È stato fidanzato per anni con Ludovica Minoli, nipote di Giovanni Minoli e figlia dell'ideatore della linea di gioielli DoDo di Pomellato. Anche lei è una militante storica di Cp. Allenatrice di cavalli da corsa. Una che prima di fidanzarsi con il gran capo era stata legata ad altri del movimento, tra i quali Marco Racca, nostro capo in Piemonte, anima della nostra sede torinese, il circolo Asso di Bastoni, dov'è avvenuto il pestaggio del giornalista de «La Stampa» Andrea Joly. Insomma: Iannone non è uno della Garbatella, del Quarticciolo o di Primavalle. È uno che di famiglia sta bene. Però alle comodità di una vita borghese ha preferito la militanza, la strada, l'Idea. Questa è una cosa che gli va riconosciuta, a fronte di tanti limiti e difetti.

Pochi minuti prima della mezzanotte, i nostri cinque si infilano nel palazzo spaccando una finestra sul retro. Io sono, insieme ad altre decine di persone, nelle strade dell'Esquilino. Nel raggio di qualche centinaio di metri. Aspettiamo. Vigiliamo. Dobbiamo controllare che durante il blitz non arrivino polizia o carabinieri. Siamo ombre nella notte. Facciamo il palo, che per un militante sembra una super missione. I pali servono per le rapine. Ma i nostri cinque arieti non stanno facendo una rapina: stanno occupando un edificio abbandonato che è giusto dare a una comunità, e per noi comunità significa «collettività». Sappiamo tutti cosa stanno facendo e perché si è deciso di agire quella notte. Siamo tutti agitati, non abbiamo mai osato tanto. È come una sfida allo Stato. Può andare bene, ma può anche succedere un casino.

A un certo punto, arriva un messaggio sui cellulari: «Daje!». È andata. Forse. Perché qualche giorno prima un altro tentativo di prendere la torre si era rivelato un buco nell'acqua. Sempre loro cinque: Di Stefano, Iannone, Cero, Gianlucone e Manolo. Avevano cercato di forzare il portone d'ingresso su Napoleone III ma i vicini, svegliati dai rumori, avevano chiamato la polizia. Erano arrivate le guardie e avevano allontanato il gruppetto. Non ci eravamo rassegnati, anzi. Bisognava solo cambiare strategia. Affinare la manovra per prendere lo stabile.

Da lì nasce uno stratagemma. Tappezziamo il quartiere Esquilino di volantini con la foto di un gatto nero di nome Pound. Mettiamo in giro la voce che il gattino si era smarrito in zona. Con questo escamotage, nei giorni prima del 26 dicembre Di Stefano e camerati citofonano agli inquilini dei numeri civici che confinano con il palazzo. Sono martellanti, fingono di essere in ansia per questo gatto. Chiedono agli inquilini di poter accedere alle cantine per cercarlo. Così riescono a mappare il cortile del palazzo e a individuare una via di accesso secondaria allo stabile. Era la strada giusta. Quella che portava dentro senza dare nell'occhio, bypassando il portone e quindi la via trafficata dove potevano essere visti.

Poco prima della mezzanotte del 26 dicembre 2003 i vetri di quella finestra sul retro si infrangono. I cinque entrano, corrono verso il portone principale. Una ventina di noi stanno tra via Napoleone III e la stazione Termini. Altri in fondo, verso via Turati. Altri su via Cavour, dall'altra parte. Ricordo l'attesa come una sofferenza. Il tempo non passava mai. In quattro eravamo davanti al McDonald's di via Giolitti, con l'ansia che fallisse anche il secondo tentativo, e a quel punto riprovarci sarebbe stato difficile. Avremmo dovuto aspettare settimane, mesi, e forse non avrebbe funzionato comunque. Sicuramente lo Stato avrebbe messo qualcuno a presidiare il palazzo. Un posto fisso di polizia, o dei guardiani. Passata da poco la mezzanotte sui cellulari arriva un altro messaggio: è il nostro caposezione. È la conferma. Gli hanno detto che finalmente sono dentro. Loro cinque.

Da quel momento in poi inizia un altro conto alla rovescia. Il dubbio era: tutti noi che eravamo sparpagliati in zona che cosa dovevamo fare? Aveva senso entrare subito nell'edificio? O era rischioso? Erano dentro in cinque, ma fuori, ad aspettare in strada, eravamo in tanti. I capi decidono che non è il caso di farci entrare subito, di notte. Avrebbe significato aprire il portone e farlo varcare da decine di militanti. Intanto la voce corre, qualche centinaio di camerati romani sono in attesa e anche un po' in festa: nelle sezioni, in casa, al pub, in giro. Non vediamo l'ora di poterlo varcare anche noi il portone della torre. Ma, ci dicono, è meglio aspettare un po'. La decisione è stata presa: noi militanti avremmo atteso le luci del giorno. Più sicuro. Il ragionamento è stato: se trecento persone arrivano di notte ed entrano in un palazzo, dopo un minuto ci troviamo sette volanti della polizia. Se lo facciamo la mattina, con il traffico, la gente in giro, i negozi aperti, è un'altra cosa. Dai meno nell'occhio. In fondo avevamo aspettato mesi. Tre o quattro ore in più non cambiavano niente.

Risultato: alle sei del mattino del 27 dicembre il portone viene finalmente aperto dall'interno. Nel giro di mezzora arriviamo. Saremo stati più o meno trecento. Gruppi, gruppetti, ragazzi arrivati lì da soli, in motorino o a piedi. Io e altri eravamo rimasti in giro dalla sera prima. Ci eravamo bevuti decine di birre al pub. Facevamo la spola dal centro all'Esquilino, sembravamo tarantolati. Dalle dieci del 26 dicembre all'alba del 27 salivamo in zona, ci riallontanavamo, tornavamo, così per almeno otto ore.

Intorno a Termini ricordo il solito brulichio notturno di senzatetto, tossici, spacciatori, *magreba*, polizia, netturbini, prostitute, disperati. Mi esaltava l'idea che ci stavamo prendendo un palazzo in un quartiere multietnico di Roma. In mezzo a decine di negozi di cinesi, in una delle vie di una zona che già allora sembrava un po' un suk. Eravamo sul punto di fare gol in un rione della Capitale dove gli italiani non si arrendono all'invasione. Per me e per tanti altri era una specie di riscatto, una conquista piena di orgoglio, anche una sfida. L'adrenalina del momento si mischiava alla certezza che quell'occupazione sarebbe stata la nostra nuova carta di identità. I fascisti del terzo millennio: non più brutti, sporchi e cattivi ma vivi, dinamici, pronti all'azione. Patrioti con in testa un'ideale rivoluzionario, come è stato il primo fascismo. Ormai era ufficiale: quel bestione a due passi dalla stazione Termini l'avevamo occupato. Avevamo una nuova sede e una nuova casa nel cuore dell'Esquilino delle tante razze. Il che rendeva il tutto ancora più efficace e funzionale alla nostra narrazione. Strategico. Era la nostra alba dorata.

Il 27 dicembre abbiamo festeggiato alla nostra maniera: in strada, con una torciata, davanti al palazzo. Le sezioni romane avevano preparato le torce da giorni. Chi era già dentro era uscito in via Napoleone III. Chi ancora non era entrato accendeva le torce, cantava e poi saliva. Sembrava un rito pagano bellissimo, proprio come lo avevamo pensato. La gente passava davanti al palazzo e ci guardava come se fossimo degli elfi calati improvvisamente nel traffico della Capitale, con le bandiere, i fumogeni, tutti a testa alta, fieri di quello che avevamo appena fatto. Abbiamo issato la bandiera con la tartaruga frecciata sulla terrazza al settimo e ultimo piano. Era la nostra superficie lunare, il punto finale della missione, come Apollo 11. Poi un'altra bandiera la metteremo sul pennone della facciata. Giorni dopo distribuiamo nel quartiere altri volantini. Il titolo è: «Avete dei nuovi vicini!». C'è scritto: «Da venerdì 26 notte l'associazione di promozione sociale CasaPound ha occupato lo stabile pubblico di via Napoleone III [...]. Al primo piano apriremo uno spazio sociale per il quartiere, sarà anche un luogo di dibattito culturale e per il recupero delle tradizioni romane».

I giornali iniziano a parlare di noi, nell'ambiente della destra radicale era stato fatto quello che non era mai riuscito a nessuno. La nostra metapolitica aveva prodotto un piccolo capolavoro mediatico. Da quella notte un edificio un tempo adibito al riconoscimento dei titoli delle scuole paritarie è diventato il nostro bunker, la torre. Agli occhi degli italiani Cp è quel palazzo, e quel palazzo è Cp. Occupando mandiamo un messaggio al nostro mondo – la galassia neofascista italiana –, alla destra e alla sinistra di potere. Alla politica. Al sistema. E certo anche ai collettivi rossi, agli antifa, ai centri sociali. Il messaggio è: ci siamo anche noi, ci sono i fascisti sociali che occupano case. Vi facciamo vedere che l'occupazione non è solo di sinistra. E lo facciamo lì, nel centro di Roma, dove nessuno aveva ancora agito. Segniamo un punto.

Quella, per noi, è stata la madre di tutte le occupazioni. Negli anni successivi ci sarà un processo che si concluderà con dieci condannati in primo grado per occupazione abusiva aggravata, tra i quali Gianluca Iannone, Simone Di Stefano, suo fratello Davide (più piccolo di dieci anni, cresciuto negli stessi ambienti del neofascismo romano) e Debora, ex moglie di Simone: a giugno 2023 il giudice monocratico ha disposto in primo grado la condanna a due anni e due mesi di reclusione, una provvisionale esecutiva di ventimila euro, il dissequestro dell'immobile e la sua restituzione al Demanio (i militanti di Cp hanno fatto ricorso in appello). Ma nessuno di noi ha mai fatto un passo indietro. A nessuno è venuto in mente di tradire il sacro rispetto di quella notte. Per chi c'era e per chi non c'è più, la sostanza non cambia: la presa del palazzo è stata un punto di arrivo e un punto di partenza.

Sono passati ventidue anni. Un pezzo di vita, con dentro tante cose che ci hanno prima rafforzato e poi fiaccato. Il mio percorso – nel 2003 – era agli inizi. Non avevo la testa solo sulla politica e sulle lotte per la rivoluzione. Non ero ancora stato realmente contagiato dalla fiamma dell'ideale fascista e della militanza. Ancora non sapevo cosa avrebbe voluto dire davvero essere parte di un progetto, condividere amicizia e fratellanza con i miei camerati. Ma il racconto di quella notte l'ho condiviso con tanti militanti conosciuti in questi anni. Gente che non era fisicamente presente ma che, grazie ai ricordi di chi c'era, si è trovata a essere parte di un legame indissolubile.

Era la prima volta che, seppur lateralmente, partecipavo a un'occupazione abitativa. Mai avrei pensato di finire dentro a un palazzo statale occupato, era una cosa che non apparteneva alla mia cultura, alla mia educazione. Eppure, ancora adesso, se ripenso a quella notte sento scorrere il brivido della sfida, una vampata di carica e di entusiasmo, l'ideale rivoluzionario che ci ha trasformato in un'avanguardia: è una sensazione indescrivibile. Per noi che c'eravamo – e che aspettavamo che Di Stefano, Iannone, Cero, Gianlucone e Manolo aprissero il portone per farci entrare – l'impresa aveva una patina quasi mitologica, da tramandare. Quando fai tuo un racconto, quando lo senti così tante volte senza mai stancarti e ogni volta trovi un particolare diverso, un aneddoto nuovo, diventa una storia comunitaria, collettiva, un patrimonio condiviso. Quante volte abbiamo raccontato la presa della torre intorno al fuoco nei solstizi. Quanti racconti al bancone del Cutty Sark, il nostro pub di riferimento, tutti incentrati sulla descrizione della magica notte. E anche quante cazzate da chi ha millantato di essere stato lì, quella notte, quando invece era a casa, sotto le coperte o, peggio, lontano da quella strada perché in fondo non ci credeva abbastanza.

I nostri capi, e quelli che effettivamente erano in via Napoleone III l'alba del 27 dicembre, probabilmente neppure si rendevano conto che quello sarebbe stato l'inizio di una storia durata più di vent'anni. Una storia che è stata linfa per tutti i giovani che da lì in poi avrebbero militato nella destra radicale. Dopodiché, col passare del tempo, quella linfa nutriente si è trasformata in veleno. Un veleno somministrato poco alla volta, in modo da abituarti pian piano, da non percepire che fosse tale. Una sostanza tossica che ha fatto marcire il bello di CasaPound. Che ha rovinato rapporti, che ha marchiato persone e intere esistenze.

Il 27 dicembre 2003 in una cinquantina ci accampiamo negli uffici dismessi distribuiti sui sette piani del palazzo.

Sacchi a pelo, fornelli da campeggio, cibi in scatola, torce. Eravamo come dei boy scout fascisti. Però tutta gente adulta, uomini con alle spalle trascorsi politici nel circuito dell'estrema destra soprattutto romana, qualcuno anche in movimenti vicini all'eversione. Non so dire perché, ma se porti a termine un'azione come quella nella tua città, all'inizio ti senti onnipotente: non giochi in trasferta, non vai fuori a fare casino, non è una manifestazione per cui sai che devi seguire certe regole, andare preparato anche a eventuali scontri. È un meraviglioso atto di virtù cameratesca, uno slancio di orgoglio territoriale, di appartenenza. Pensato e voluto insieme ai tuoi fratelli, alle persone che condividono l'Idea. È questo che mi ha affascinato più di tutto.

A questo pensavo quando il 27 dicembre le forze dell'ordine, insospettite dall'insolito via vai e allertate dai vicini, bussano al portone del palazzo. Apre Simone Di Stefano. Dice: «Abbiamo occupato a scopo abitativo». Da allora polizia e carabinieri in Napoleone III non si sono più visti. Più nessuno si è presentato. Al massimo qualche elezione di domicilio, qualche notifica a quelli di noi che ci hanno abitato e ci abitano. Curiosità: nella stessa via, sullo stesso lato dell'edificio, a meno di cento metri, sia da una parte che dall'altra, ci sono due stazioni della polizia di Stato. Questa cosa ci ha sempre molto divertito. L'opinione pubblica, la sinistra, i rossi impazzivano. Com'è che i fascisti si stabiliscono in un edificio che sta tra due stazioni di polizia? E perché sono ancora lì, dopo oltre vent'anni?

Figli d'Italia. Con famiglia

Il 26 dicembre 2003 non è solo una data simbolo della storia di Cp: è anche uno spartiacque, che segna un prima e un dopo nella vita di decine di noi. Siamo estremisti politici. Chi prima non aveva una casa o faceva fatica a pagare un affitto, o magari non poteva più vivere in famiglia – spesso famiglie povere dei quartieri romani più periferici –, ora ha un tetto sicuro. Gratis. Dopo l'occupazione, a stretto giro, iniziamo i lavori per trasformare gli uffici dismessi in appartamenti. Ovviamente niente ditte appaltate, né muratori o professionisti esterni. Non ci sono soldi. Facciamo tutto noi militanti. Aiutati da amici artigiani, convertiamo gli spazi dell'edificio e in pochi mesi, anche se in maniera non esattamente professionale, prendono forma quattro alloggi per piano, che ospiteranno sì alcune famiglie in difficoltà, ma anche e soprattutto tanti capi e capetti di CasaPound.

Mi rendo conto che da fuori questa cosa può sembrare brutta, e un po' lo è. Ma come, ti batti per gli italiani poveri e tutti questi bei discorsi, e poi nel palazzo occupato ci vai ad abitare tu, con mogli, figli, genitori e parenti vari? In effetti è stato una specie di tradimento del popolo, per noi che ci definiamo «figli d'Italia». La prima di una serie di stronzate che hanno tolto credibilità al gruppo e creato forti tensioni interne. Nel tempo, l'opportunismo dei capi porterà molti di noi a non ritrovarsi più nello spirito che all'inizio animava il progetto. Perché se in nome di una presunta solidarietà verso gli ultimi ti fai i cazzi tuoi, allora predichi bene e razzoli malissimo. Ma nonostante questi dubbi e queste riflessioni, allora la mia idea di fratellanza e cameratismo non si era ancora scalfita. Sono rimasto nel dubbio per molto tempo. Lo sono ancora. Sempre di più.

Sull'occupazione del palazzo in questi anni ho letto e sentito dire tante cose. Qualcuna più o meno vera, altre verosimili, altre inventate. Ma di quelle ore frenetiche ed esaltanti a cavallo tra il 26 e il 27 dicembre 2003, per me la cosa più bella e divertente riguarda proprio gli incursori. I cinque che hanno sfondato e hanno fatto entrare gli altri trecento.

Di Iannone e Di Stefano si sa, sono conosciuti, anche pubblicamente. Di Cerino invece non si sa niente. È un nome che è sempre rimasto avvolto nell'ombra. Più avanti racconterò chi è e che ruolo ha, Cerino. E perché è considerato da molti il vero capo di CasaPound. Dei fratelli Giombini si sa ancora meno. Uno dei due, Alessandro «Manolo», ha una storia curiosa: nel nostro ambiente è risaputo che, quando erano giovani, è stato per anni insieme a Giorgia Meloni. Erano i tempi del Fronte della Gioventù e di Colle Oppio. Manolo era un bel ragazzo: alto, moro, fisico atletico, tatuaggi. Non particolarmente carismatico, mai avuta la stoffa del capo. Preferiva stare dietro le quinte, ma non si tirava indietro se c'era bisogno di «agire». Che per noi vuol dire anche menare. Personalmente non mi è mai fregato niente del gossip, ognuno sta, si fidanza o si sposa con chi gli pare. In tanti in Cp abbiamo sempre immaginato che Manolo sia fiero di avere avuto una relazione con l'attuale presidente del Consiglio. Ma nessuno ha mai dato importanza alla cosa, per noi è solo un dettaglio, niente di più. I Giombini per noi sono due militanti storici, due dei cinque incursori che hanno preso la torre. Punto.

Sia Gianlucone che Manolo abitano tutt'ora nel palazzo. Vivono in due appartamenti, in uno abitava anche la loro madre – scomparsa recentemente –, insieme a Gianluca... Manolo è stato il migliore amico di Simone Di Stefano. Anni di militanza insieme, serate, cene, vacanze, gioie e dolori. Quando, nel febbraio del 2022, Di Stefano se n'è andato da CasaPound, tra la storica amicizia con lui e l'opportunità di continuare a vivere gratis nel palazzo rimanendo nell'organizzazione – e dunque fedele a Iannone –, Manolo ha scelto la seconda.

Sono fili della memoria che è giusto riannodare. Perché raccontano storie. Definiscono il nostro campo e quello di chi oggi ci guarda dall'alto in basso, anche magari con distacco, o persino con una specie di sdegno mal dissimulato, e invece venti e passa anni fa condivideva spazi di contiguità politica con i militanti del movimento. Nel 2003, quando la torre è stata occupata, Giorgia Meloni era capo dei giovani di Alleanza nazionale. Cinque anni dopo diventa ministro della Gioventù e viene in visita ad Acca Larentia a rendere omaggio ai nostri morti. Quella volta era in compagnia di Giuliano Castellino, il ras di Forza Nuova, che è stato fidanzato con Carlotta Chiaraluce, nostra ex militante ed ex moglie dell'attuale portavoce Luca Marsella. Ma Meloni aveva rapporti personali di vecchia data anche con i camerati di Cp, con i vertici. Vent'anni dopo, quella vecchia sede del Movimento sociale italiano – «Acca» per noi militanti – è in mano a CasaPound attraverso l'associazione di estrema destra «Acca Larentia», che sui suoi social celebra ex terroristi ed esponenti neofascisti. L'associazione ha potuto acquistare i locali grazie a una donazione da 30.000 euro effettuata dalla Fondazione Alleanza nazionale, ovvero la cassaforte di Fratelli d'Italia – fondazione di cui fanno parte storici dirigenti del Msi, e attuali dirigenti ed esponenti di spicco del partito della Fiamma tricolore. Questa storia della sede di «Acca» – che racconta una sponda e un terreno di contiguità e di condivisione tra il partito che traina il governo e CasaPound – è stata raccontata anche da inchieste giornalistiche, ma nel nostro giro la conoscevamo bene. Quei locali sono gestiti da noi e rappresentano una specie di casa comune della destra post missina romana.

Giorgia Meloni partecipava sempre al nostro corteo del 7 gennaio. Di «presenti» insieme ai militanti di Cp, quand'era giovane, ne ha fatti tanti. Il gancio era Simone Di Stefano. Erano amici. È stato lui ad accoglierla nella sezione del Msi della Garbatella quando nel 1992 Meloni ha iniziato a fare politica attiva. Sono rimasti in buoni rapporti, anche se su posizioni molto diverse e distanti. Quando Giorgia Meloni ha iniziato ad avere ruoli istituzionali non è più venuta ad Acca Larentia. Non da militante, insomma. Ha cominciato a tenere la distanza fisica della prudenza. Ma il suo giro è comunque lo stesso di Di Stefano e dei fratelli Giombini. Il giro di quelli che hanno sfilato la torre a quello Stato di cui lei oggi è premier, e che non la mollano più.

Nella caserma nera

Una sola chiave

La prima volta che sono entrato nella torre mi sembrava di essere in un qualunque bel palazzo di Roma, solo senza luci. L'ingresso. Il cortile. I muri. Delle vecchie biciclette, qualche pianta poco curata. L'odore polveroso dei posti abbandonati che però mantengono un'anima. Un secondo dopo mi è salita una forte emozione. Sentivo di essere come in un luogo sacro. Quella sacralità che abbiamo sempre cercato di trasmettere ai nuovi militanti: il rispetto del sacrificio dei veterani che hanno dato forma all'idea rivoluzionaria, l'impegno e l'abnegazione per la causa nella quale crediamo. L'idea di poter creare uno Stato forte che si prenda cura dei cittadini in uno scambio continuo, dove ognuno può trovare il suo spazio in base a capacità e aspirazioni, e contribuire alla crescita della Nazione. Sembra un discorsone da politico ma davvero questa era la nostra Idea, il progetto.

Oggi Meloni, molto più scafata di allora, porta avanti la narrazione della Nazione, ma è sempre stata una cosa nostra: ne abbiamo parlato per anni, abbiamo inventato slogan su quel concetto, la Nazione che doveva «tornare potenza». Ci abbiamo fatto persino varie manifestazioni, all'Aquila come in piazza Santi Apostoli a Roma. Ci sono temi e slogan di estrema destra che Meloni e Fratelli d'Italia hanno fatto loro: come se avessero scippato cose che fino a ieri non potevano dire, o non in modo così chiaro e diretto. E che forse adesso, dopo tre anni di governo, devono alternare, dosare. Per non esporsi a critiche. Così come la Lega ci ha scippato lo slogan «Prima gli italiani», Meloni ha messo le mani sul racconto della «Nazione», scritto con l'iniziale maiuscola. Quando sono entrato nella torre ho sentito la solennità dell'Idea. Ma quando vedi che oggi ce l'ha in mano gente come Meloni pensi boh, allora è tutta una fregatura, una presa in giro. Altro che credere nel progetto.

La torre per molti anni è stata il mio centro. La mia casa, il mio posto, la mia famiglia. La sede di Cp – almeno nelle intenzioni dei capi – doveva essere organizzata come una caserma. Da cima a fondo, dall'ingresso all'ultimo piano. Ventiquattro ore su ventiquattro. Per un movimento come il nostro – verticistico, quasi militare – è normale avere una sede che assomigli a una caserma.

I fondatori e capi storici di Cp sono Gianluca Iannone e Simone Di Stefano, poi negli anni si sono aggiunte altre figure. In apparenza comanda uno solo, Iannone, ma in realtà – a causa della sua insicurezza, che maschera con atteggiamenti machisti e dittatoriali, come fosse un santone o un imperatore con diritto di vita e di morte, tipo pollice verso – le sue decisioni sono influenzate da personaggi dei quali lui si circonda credendo siano degli *yesmen*. E che poi lo manipolano a loro volta, facendogli prendere anche decisioni che lui non avrebbe mai preso e non prenderebbe mai.

Dopo l'occupazione, Iannone e Di Stefano hanno voluto trasformare la torre in una specie di caserma civile. I militanti sanno che devono viverla come tale, sia che ci abitino sia che la frequentino o che ci trascorrano dieci minuti o una notte. La prima cosa importante è questa: nessuno ha le chiavi del portone. Nessuno le può avere e nessuno le ha mai avute. Nemmeno Iannone, nemmeno i suoi vice. Quando è stato occupato, l'idea era che il palazzo dovesse essere una casa popolare: per questo si è deciso che nessuno – né i capi né i militanti – potesse entrare senza citofonare. A chi? A quello che per noi è sempre stato una specie di corpo di guardia: il «bivacco». Si tratta di una stanza creata apposta, occupata durante la notte da due militanti, a turno. Una cosa a metà tra una portineria e un corpo di guardia. Con anche un servizio di vigilanza, che funziona così: a qualunque ora tu arrivi, il portone è chiuso. Per entrare devi citofonare, e dal bivacco i due militanti che montano la guardia ti vedono attraverso le telecamere. Ce n'è una puntata sul perimetro della strada e una sul portone. Se non sei riconosciuto, uno dei due militanti del bivacco avvisa il piantone del tuo arrivo. Per esempio: se io porto una persona con me, prima devo avvisare, dire chi è la persona, il suo nome e tutto. Poi arrivo e citofono. La prassi prevede che, anche se hai citofonato e sei stato identificato attraverso la telecamera, uno dei due militanti di guardia si debba affacciare dalla finestra al primo piano. E procedere al riconoscimento diretto.

Ogni sera alle undici in punto il grande portone di legno su via Napoleone III viene chiuso. Sprangato. Con una doppia chiusura. All'interno c'è un altro portone di ferro blindato, per una maggiore sicurezza. Se qualcuno citofona dopo le ventitré, scende il piantone e apre i due portoni. Le regole sono ferree, non si fa eccezione per nessuno. Quando sono entrato in Cp sapevo che c'era uno che comandava e altri che eseguivano gli ordini. La militanza, nell'estrema destra, è così. Il verticismo dell'organizzazione si vede chiaramente anche nel modo in cui è stata sistemata e organizzata la torre. La suddivisione degli spazi, come sono disposti e organizzati gli appartamenti.

Quando abbiamo occupato il palazzo, dopo pochi minuti che eravamo entrati ci siamo accorti che la corrente elettrica, contrariamente alle aspettative, c'era. Ci avrebbero spiegato che negli edifici ministeriali e pubblici non viene, di fatto, mai staccata. E la torre è un edificio ministeriale. Dunque, è bastato alzare la levetta del contatore e le stanze, magicamente, si sono illuminate. Stesso discorso per l'acqua. L'allacciamento alla rete idrica prevede una sorta di sorgente interna che riempie dei grandi serbatoi a caduta sul tetto, e questi garantiscono sempre almeno una minima fornitura di acqua costante. Aver trovato luce e acqua è stata una sorpresa, non lo immaginavamo.

Sapevamo che il palazzo era enorme, ma vederlo da dentro è stato impressionante. L'ingresso – oggi come ventidue anni fa – rimane sempre libero. Ogni tanto c'è qualche motorino. A piano terra ci sono i murales, con i nomi del pantheon di CasaPound. Sono ottantotto nomi. Ottantotto perché nell'iconografia neofascista, neonazista e suprematista europea la cifra 88 simboleggia la doppia lettera H – ottava lettera dell'alfabeto – che sta per il saluto «Heil Hitler!».

Nell'elenco dei numi tutelari di Cp figurano personaggi dell'antichità greco-romana, filosofi e letterati che hanno ispirato il fascismo e il nazismo, strateghi, condottieri, militari, leader di movimenti e partiti fascisti, e figure chiave del fascismo e del Terzo Reich. Ma anche fumettisti e artisti. Oltre allo scontato Benito Mussolini e agli iconici Léon Degrelle, Corneliu Zelea Codreanu e Ian Stuart Donaldson (cantante leader della band Skrewdriver e fondatore del circuito nazista mondiale Blood & Honour).*

Per salire ai piani della torre si possono prendere le scale o il mitico ascensore tappezzato di adesivi delle varie comunità e sezioni. Anche le scale sono piene di fotografie, ci sono i personaggi chiave del fascismo, intellettuali, pensatori, Claretta Petacci e Margherita Sarfatti, due donne straordinarie legate a Mussolini. C'è anche Albert Einstein. Un ritratto di fronte al quale molti di noi dovrebbero girare alla larga, per motivi che tutti possono facilmente intuire!

* Ecco tutti gli ottantotto nomi: Mussolini, Capitan Harlock, Depero, Tesei, Majakovskij, Morsello, Pound, Ricci, Hamsun, Pavolini, Degrelle, Guénon, Pareto, Evola, Marinetti, D'Annunzio, Corridoni, Bradbury, Nietzsche, Muti, Jünger, Alce Nero, Platone, Massoud, Corto Maltese, Terragni, Yeats, Balla, Sorel, Dante, Schmitt, Darré, Hölderlin, Omero, Codreanu, Lucio Battisti, De Lempicka, Céline, Enea, Boccioni, Geronimo, Pessoa, Wagner, Kerouac, Petrolini, Gentile, Sant'Elia, Giordano Bruno, Artù, Marco Aurelio, Riefenstahl, Ledesma Ramos, Mishima, Lorenz, Brasillach, Mazza, Clausewitz, Fante, Saint-Exupéry, Giulio Cesare, Tolkien, Sironi, Prampolini, Ballard, Cambellotti, Stirner, Plotino, Rahn, Bombacci, Mosley, Orwell, Ian Stuart, Eliot, Spengler, Flavio Claudio Giuliano, Evita, Ion Moţa, Eraclito, Toti, Leonida, De Chirico, Trilussa, Federico II, Clemente Graziani, Pirandello, Romolo, Fenet, Sun Tzu.

Nel seminterrato della torre c'è la sala di registrazione degli ZetaZeroAlfa, la tana «artistica» di Gianluca Iannone (fondatore, voce e frontman del gruppo musicale di CasaPound). Poi ci sono i magazzini, dove teniamo le aste e le bandiere, gli striscioni, il materiale prodotto e stampato, le felpe, le magliette e le pettorine per il servizio d'ordine alle manifestazioni.

Il bivacco

Salendo le scale della torre, al primo piano c'è il bivacco, la guardiola. È composto da un primo ufficio, dove si fa il turno di guardia, arredato con qualche sedia, i monitor delle telecamere e la Play Station, da un altro ufficio accanto, e da un'altra stanza dove per anni ha abitato un... pappagallo. Il pappagallo di Gianluca Iannone. Non è uno scherzo. Era – perché non c'è più – un'ara amazzone. Enorme. E aveva la sua stanza. Stava lì, nel gabbiotto, con la segatura e tutto il resto. Si chiamava Sbrocco. Avevamo fatto anche gli adesivi con il muso di Sbrocco. Sbrocco era il simbolo dell'ostello e ha vissuto nel suo gabbiotto per anni. Era cattivo, puzzava, c'erano escrementi dappertutto in quella stanza. Ma era il pappagallo del capo. Glielo avevano regalato e lui subito ne aveva fatto uno strumento di marketing.

Un giorno bisognava trasferire Sbrocco in un'altra casa occupata da Cp, a Roma Nord. Due giovani militanti vengono incaricate da Iannone di caricare il pappagallo in macchina e di trasportarlo nella sua nuova dimora, ma quando le due ragazze aprono la portiera, l'animale scappa. E così anche Sbrocco ce lo siamo giocato. Alla fine è stata una liberazione perché era diventato un vero impegno. Anche per i militanti. C'era qualcuno che doveva sempre badare al pappagallo, curarlo, seguirlo, accudirlo. Tutto per ordine del gran padrone. Follia. Un'assurdità. Ma per Gianluca era un vezzo, uno sfizio. Chi conosce il tratto cesarista e dispotico della sua personalità sa che a Iannone piaceva anche l'idea che i militanti badassero persino a Sbrocco, il pappagallo del capo.

I militanti che fanno i turni al bivacco svolgono quel servizio sempre, ogni giorno dell'anno, a ogni ora. Estate e inverno, caldo o freddo, loro spalancano la finestra, guardano sotto, chiedono chi sei e se ti riconoscono, aprono. Provengono dalle varie sezioni romane. Sono perlopiù giovani militanti piazzati, ben messi fisicamente. All'inizio, turnavano gli abitanti del palazzo. Tutti volontari, ovviamente. Poi si è iniziato a selezionare, scegliendo persone dedicate solo a quel ruolo, alla vigilanza. Gente sveglia, capace. Col fisico adatto. Non è che stare al bivacco sia un incarico prestigioso. Sei un piantone, fai il guardiano. Il portinaio. Ma per i camerati più giovani è un inquadramento ambito. Fare il custode della torre – per uno che viene da qualche sezione della periferia romana o laziale – è una promozione. Promuove l'identità comunitaria, ti dà un ruolo, è un primo scalino della comunità. Perché il bivacco è come una torre di guardia. Anche sulla strada. Si sa: oltre allo sgombero, l'altro problema che abbiamo sempre cercato di evitare sono gli attacchi e gli atti vandalici da parte degli antifascisti.

L'ostello dei camerati

Al piano rialzato c'è il cosiddetto «ornitorinco», uno spazio adibito a ostello che conoscono solo militanti e simpatizzanti e che ospita sia i camerati di passaggio a Roma sia i ragazzi che, finito il turno di guardia al bivacco, devono riposare. L'ornitorinco ha due grandi camerate con letti singoli e a castello, in tutto venticinque posti. C'è una prima camerata con un bagnetto, poi un'altra, più piccola, un altro bagno con le docce, e uno coi servizi igienici.

Ci ho dormito spesso all'ornitorinco, quando facevo i turni. Ogni ospite paga dieci euro a notte. Sono soldi che si usano per le pulizie. A Roma dove dormi con dieci euro? Nemmeno in mezzo alla strada... L'ornitorinco è quasi sempre pieno. Ci sono giorni in cui è praticamente preso d'assalto e i camerati quasi si accampano. In occasione di Acca Larentia o di altre manifestazioni, c'è gente che arriva da tutta Italia e cerca di alloggiare alla torre. Ospitiamo anche camerati dall'estero, Grecia, Spagna e Germania. Per avere un posto letto si prenota chiamando Stefania. È lei che si occupa dei posti letto e dei turni delle pulizie. Stefania è una maestra d'asilo finita anche lei a processo per occupazione abusiva. È un po' un cerbero, lo dico affettuosamente. Una dura, tutta ordine e disciplina. Ma serve, perché ci sono ragazzi giovani che vengono da noi e devono sapere che qui non si sgarra. Lei c'è dall'inizio, vive nella torre dall'inizio dell'occupazione e ha un suo appartamento. La sua vita è solo CasaPound.

Mai visto droga, mai visto gente picchiarsi o casini, all'ornitorinco. Da lì ci sono passati tutti, anche Simone Di Stefano. I materassi e i cuscini non sono proprio quelli di un grand hotel, è un ostello comunitario, da militanti. Anche abbastanza pulito, perché Stefania ci tiene. È un punto di appoggio per chi transita dalla Capitale e non può permettersi un albergo né un B&B.

Alla vigilia delle manifestazioni, nella torre c'è sempre fermento, grande agitazione. Per Acca Larentia arriva tanta gente, decine e decine di militanti in transito. Più gente significa più attenzione e più controlli. Ai piani e negli spazi comuni vedi camerati da ogni parte d'Italia, ci salutiamo con il saluto del legionario, mai col saluto romano. Quello solo alle manifestazioni come, appunto, l'anniversario di Acca o di Sergio Ramelli, a Milano.

Al secondo piano iniziano gli appartamenti. Ce ne sono quattro per ogni piano. Le metrature sono varie: si va dal monolocale al quadrilocale. Più di venti, disposti su sei piani. Sono belli, per chi ci abita sono un vero privilegio. Quasi gratis. Abitare in settanta metri quadrati in centro a Roma, vicino a Santa Maria Maggiore, la basilica papale, è tanta roba. Alcuni appartamenti affacciano su via Napoleone III, altri sul cortile interno, in comune con altri palazzi. Dal 2003 non c'è mai stato un problema con il vicinato, chi abita accanto a Cp non si è mai lamentato, nemmeno quando abbiamo fatto feste e serate molto animate su in terrazza. La maggior parte degli inquilini dei palazzi intorno sono cinesi, come cinesi (e indiani) sono quasi tutti i negozi della via.

Il lavoro più importante è stato portare un'altra colonna d'acqua perché prima ce n'era una sola, quella dei bagni degli uffici. C'era un solo bagno per piano, massimo due. Poi ovviamente ne abbiamo messo uno per ogni appartamento. Simone Di Stefano è stato uno dei più attivi nella ristrutturazione. Lui è anche idraulico, è molto pratico, capace di fare mille lavori manuali.

Gli inquilini

Tanti di noi hanno iniziato ad abitare nella torre da subito. I primi a farlo sono stati Simone Di Stefano con la compagna Debora (che poi è diventata sua moglie, si sono sposati nella torre un anno dopo l'occupazione); Manolo e Gianlucone; e poi, certo, alcune famiglie in difficoltà del quartiere Esquilino, con a carico persone fragili e malate. Ricordo, in particolare, un anziano signore con un figlio affetto da problemi psichiatrici; poi un disabile; poi una coppia di disoccupati con parecchi figli e cani. Una famiglia è rimasta per qualche mese, poi ha trovato un altro alloggio ed è riuscita a reinserirsi. Il marito e padre era un autista dell'Atac.

Fatti salvi gli alloggi dove abitavano e abitano capi e capetti con le loro mogli, fidanzate e famiglie, gli accessi e l'assegnazione degli appartamenti agli «esterni» sono una parte importante della nostra attività sociale e solidaristica. Le persone si presentavano e i responsabili valutavano. Di tutto questo – accoglienza, ascolto, assegnazione dell'alloggio dopo un attento esame delle singole situazioni, che spesso erano realmente casi umani – si occupavano Debora, la moglie di Simone Di Stefano, e Maria Bambina Crognale, ex moglie di Iannone, di professione assistente sociale.

Quanto si paga per abitare nella torre occupata? È quello che tanti si sono chiesti in questi ventidue anni. Ed è normale. Occupi un edificio dello Stato, in una bella zona centrale di Roma. Ci fai degli appartamenti che sul mercato immobiliare valgono molto. In quella zona è difficile trovare una casa in affitto per meno di 1.500 euro al mese. Bene. Ecco, chi vive nella torre ne paga cento di euro al mese. È una partecipazione sociale delle famiglie: ogni nucleo versa un obolo mensile, una specie di fondo spese. Cento euro per un appartamento in buone condizioni nel cuore di Roma è una manna dal cielo per chiunque. Sia per chi non potrebbe permettersi altro, sia per chi potrebbe ma sfrutta l'occasione e ne approfitta. Diciamo che i cento euro servono per le pulizie delle zone comuni, per mantenere in ordine la torre. E per le «utenze». È come se fossero spese condominiali, ma in realtà c'è dentro anche l'«affitto». Simbolico. Forfettario.

Questa dei cento euro a nucleo è una voce importante. Moltiplicati per gli oltre venti appartamenti fanno circa 2.500 euro al mese. Trentamila euro l'anno. Puliti. In nero. Ecco, io ho sempre saputo che quei soldi servivano anche per far sì che nessuno venisse a tagliare le utenze, cioè gli allacciamenti. Sono questioni di cui si è sempre occupato Paolo Sebastianelli, Cerino. Non sono in grado di dire se qualcuno in cambio di denaro abbia garantito negli anni che la corrente non venisse staccata. E anche l'acqua. Su questo probabilmente Cerino è più informato. Lui è il tesoriere di Cp, tiene tutti i conti, controlla le varie voci, entrate, uscite, ogni movimento, chiamiamola la «contabilità». Un ruolo fondamentale che fa di lui il vero capo occulto di CasaPound. Perché dietro Iannone c'è Cerino, o Cero. Io credo che senza di lui – e forse senza i buoni uffici di qualcuno magari compiacente e, chissà, persino retribuito in qualche modo – la torre sarebbe già tornata nelle mani del legittimo proprietario: lo Stato. Perché il modo più rapido per sgomberare un palazzo è tagliare le utenze. Se non hai luce e acqua come fai a vivere? Ma questo non è mai accaduto. In ventidue anni nessuno ha mai tagliato i fili. Altrimenti quel palazzo sarebbe vuoto già da tempo. Magari lo Stato lo avrebbe riconvertito, o magari sarebbe ancora sfitto e abbandonato, ma non ci abiterebbero decine di persone praticamente gratis. Come tecnicamente sia potuto succedere che nessuno abbia mai tolto la corrente elettrica e l'acqua, non so dirlo. Bisognerebbe chiederlo, credo, alle società pubbliche comunali che forniscono i servizi. Fatta eccezione per il gas. Il gas nella torre non c'è mai stato. All'inizio ogni inquilino – insomma, ogni nucleo familiare – aveva la sua bombola. All'epoca l'induzione non c'era. Oggi alcune cucine degli appartamenti della torre sono a induzione. Ma la maggior parte vanno ancora coi bomboloni di gas.

Alcuni alloggi sono sistemati e arredati in modo modesto. Altri sono perfetti. Come quelli dei capi. Iannone abitava al sesto piano con l'ex moglie Maria Bambina e i due figli. Poi, dopo la separazione, si è trasferito al quinto con la nuova compagna (oggi ex) Ludovica Minoli. Anche Simone Di Stefano stava al sesto piano, in un bell'appartamento, anche quello con affaccio su via Napoleone III, con Debora e le figlie. L'ex capo e segretario nazionale di Cp ha vissuto nella torre dal 2003 al 2010, poi dal 2019 al 2022. Nella torre hanno abitato anche suo fratello Davide (anche lui ex dirigente) con moglie e figlio; i genitori dei Di Stefano; Cerino con la moglie Marta Crognale (architetta e sorella gemella di Maria Bambina) e i figli, che in seguito hanno comprato casa e si sono trasferiti altrove; Francesco Polacchi, dirigente di Cp e imprenditore (la casa editrice Altaforte, il marchio di abbigliamento Pivert), prima di trasferirsi a Milano con la compagna Alessandra Brusoni; Sebastien De Boeldieu, con la moglie Chiara Del Fiacco, uno dei due francesi di Cp, titolare del caffè Carré Monti insieme a Pierre e all'avvocato Domenico Di Tullio. Sebastien è di origini canadesi, militava nel Front National ed è stato nella Legione straniera. Tra il 2023 e il 2024 ha vissuto nella torre anche Andrea Antonini, altra figura apicale, dopo la separazione dalla moglie. Attualmente ci abitano, tra gli altri: Nico, il batterista degli ZetaZeroAlfa, e Andrea Palladino, detto «Zippo».

Al sesto piano c'è anche la grande sala riunioni e conferenze: quella dove si fanno gli incontri, quelli interni e del direttivo. E anche gli eventi con gli ospiti. In tutti questi anni ce ne sono stati tantissimi. Decine di uomini e donne che hanno raccolto l'invito e sono venuti a confrontarsi con noi. In questa sala si svolgono le riunioni settimanali. Ogni lunedì sera il direttivo si ritrova lì, una quindicina di persone. Si parla di tutto: progetti, attività, iniziative politiche, problemi nelle varie sezioni. Il direttivo di Cp è composto da soli uomini, le donne non sono mai state ammesse. Tant'è che c'erano dei gruppi paralleli, le donne di CasaPound: ricordo Angela De Rosa, Carlotta Chiaraluce, Maria Bambina Crognale e sua sorella, e poi Manuela Napoli (figlia dell'ex senatore di Forza Italia, Osvaldo Napoli), Cristina Gauri, detta «Miss Violetta Beauregarde». Però, ripeto, alle riunioni politiche, agli incontri dei vertici, le donne non partecipano mai. Per nessun motivo. Quando il lunedì sera si riunisce il direttivo, le donne fanno altro.

Dal sesto piano della torre parte una scaletta che porta al settimo e ultimo. Da lì si accede alla terrazza, dove affaccia un bilocale che non è mai stato convertito in alloggio ed è diventato l'ufficio a uso esclusivo del direttivo. È arredato con un bellissimo tavolo di marmo con intarsiata la nostra tartaruga. Negli anni, in quell'ufficio Iannone e Di Stefano hanno tenuto incontri politici, diciamo, riservati. Per le elezioni, le candidature. In varie occasioni hanno aperto a dirigenti e militanti il posto più bello della torre: la mega terrazza con vista sui tetti di Roma e su Santa Maria Maggiore. Uno spazio super accogliente, scenografico, dove abbiamo organizzato feste e celebrato matrimoni, battesimi (anche se Cp è pagana) e compleanni. D'estate la terrazza diventa anche un locale, perché il Cutty Sark si trasferisce lì. È attrezzata per pranzi, cene e feste, con il bar, i tavoloni di legno da sagra, le sedie e tutto quello che serve per i momenti comunitari. Di solito, dopo le conferenze o le presentazioni di libri c'è sempre un momento conviviale, le nostre feste comunitarie. Di matrimoni ricordo quelli di Simone e Debora, e di Gianluca e Maria Bambina. Grande euforia, grandi bevute e saluti romani.

Sulla terrazza sventola – ancora oggi – la bandiera con la tartaruga frecciata. Un'altra bandiera è sempre stata sul pennone al secondo piano, sopra la scritta di marmo CASAPOUND, che è stata fatta rimuovere da Virginia Raggi nel 2019. Oggi le lettere sono depositate nel magazzino: le abbiamo levate noi prima che lo facessero altri dopo la decisione della ex sindaca.

In più di vent'anni la torre ha ospitato decine e decine di inquilini abusivi. Per essere una casa occupata, si può dire che abbia funzionato e funzioni a pieno regime. Ogni tanto succede che qualcuno se ne va o viene allontanato. Come quella famiglia arrivata qualche anno fa con questo tizio, Moreno, cinquantacinque anni e la scritta «CasaPound» tatuata in faccia, sulla guancia. Aveva portato a vivere nella torre moglie e figlio, a sua volta padre di tre bambini. Come tutti, anche Moreno e il figlio dovevano fare i turni, sia il servizio di vigilanza al bivacco sia altre mansioni. Ma Moreno a un certo punto si stanca e si lamenta con Iannone. Il quale, ovviamente, lo caccia via. Era il 2023. Dopo che è stato espulso, Moreno ha coperto il tatuaggio di Cp che aveva sul viso. Non so se di sua iniziativa o se lo abbiano obbligato con le maniere forti, come spesso accade da noi.

Lo sgombero e le bombole

Da quando, nel 2003, abbiamo occupato la torre, nessuno di noi ha mai realmente pensato che ci avrebbero sgomberati. Se n'è parlato, se ne parla, certo. Magari un giorno succederà, magari no. Quando prendi un palazzo pubblico, lo converti e lo fai vivere dando un tetto anche a chi ne ha bisogno, ti senti come immune. Sei dalla parte del giusto, di una buona causa che serve ad aiutare chi ha meno. Ci siamo sempre sentiti forti di una cosa su tutte: avere scalfito e sfregiato il primato delle occupazioni dei centri sociali di sinistra. Prima del 2003 solo i rossi occupavano, poi la musica è cambiata. Nel tempo, di tanto in tanto uscivano voci: arrivano, ci cacciano via. Ma l'aria che ho respirato nella torre non è mai stata di vera e propria preoccupazione. È come se nessuno di noi abbia mai preso sul serio questi segnali buttati lì. Preoccupati non lo sono mai stati nemmeno i vertici, di conseguenza figuriamoci i militanti. La mia impressione è che i capi abbiano sempre avuto rassicurazioni da parte di qualcuno. Non so quali, non so da chi. Forse qualcuno che ha sempre garantito per noi che no, non ci sarebbe stato nessuno sgombero. Non so se questa mia idea – mia e di tanti altri militanti – si saldi con elementi concreti: questo non sono in grado di dirlo. Ma credo che i capi siano riusciti a siglare una specie di accordo o qualcosa di simile, magari un'intesa non scritta ma che comunque vale. Con chi non so, ma insomma un patto della serie: voi non fate casino, state buoni e noi vi lasciamo lì. Almeno finché sarà possibile. Del resto siamo nel palazzo da ventidue anni, si sono succeduti governi e giunte comunali di segno politico diverso – sinistra, destra, sinistra, destra – e nulla è mai successo. Nessuno finora è venuto a buttarci fuori. Con il passare degli anni si è rafforzata l'idea che in fondo non diamo fastidio a nessuno. Quando abbiamo chiesto e chiediamo informazioni ai capi sezione, o a qualcuno del direttivo, ripetono sempre la stessa cosa: per giustificare uno sgombero ci devono essere problemi di ordine pubblico. E problemi di ordine pubblico non ce ne sono, la nostra occupazione non ne ha mai creati. È vero, siamo nella lista degli stabili statali occupati da restituire alla legalità, la famosa «lista Piantedosi». Però non figuriamo in quella degli sgomberi urgenti.

Non so se in questa stagione politica, con al potere il governo Meloni, ci sia stato qualcuno che ha parlato coi capi e abbia promesso una cosa che può suonare così: garantiamo noi, ma voi non dovete creare problemi. Dovete tenere un profilo defilato, senza combinare guai. Ok, fate le vostre cose, le iniziative e tutto. Ma senza casini, che imporrebbero una linea intransigente e dunque la fine dell'occupazione.

Magari è successo anche con altri governi. Dopodiché siccome sappiamo benissimo, appunto, che siamo nell'elenco degli immobili occupati da sgomberare nelle mani del ministero dell'Interno, siamo anche consapevoli, passati ventidue anni, che questa occupazione non durerà per sempre. Anche se per anni hai avuto garanzie non scritte, tutto potrebbe cambiare da un momento all'altro. Persino nel giro di poche ore. Perciò è innegabile che uno scenario diverso da quello attuale ce lo siamo immaginati, e che su quello scenario abbiamo ragionato. Solo ai tempi dell'amministrazione Raggi c'è stato un po' di timore, le comunità di tutta Italia si erano allertate. Sembrava che dovesse accadere, tutto lo faceva pensare. Ci stavamo preparando a resistere. Poi la situazione è rientrata e da allora a oggi non ci sono più stati veri e propri allarmi. Non tali da arrivare all'ipotesi di uno sgombero.

La torre non ha vie di fuga. Non ci sono passaggi segreti, botole o uscite dal retro. L'unico accesso è dal portone che dà su via Napoleone III. Da lì si entra, da lì si esce. Quando si è parlato dell'eventualità di uno sgombero – e se n'è parlato, soprattutto negli ultimi anni, diciamo da quando Virginia Raggi ha iniziato a pensare a noi – e abbiamo iniziato a confrontarci su come reagire all'intervento delle forze dell'ordine, sono girate tante voci. Una su tutte mi ha colpito. Nessun ordine scritto, ma in Cp se n'è parlato tante volte. In più occasioni personaggi influenti del movimento hanno spiegato che se dovesse scattare lo sgombero da parte delle forze dell'ordine, partirebbe anche un immediato passaparola in tutte le sezioni: militanti e simpatizzanti sarebbero chiamati a raggiungere Roma per opporsi in ogni modo all'azione di polizia e carabinieri. Con i numeri attuali di CasaPound – provando a immaginare una «chiamata» diffusa a tutte le sezioni – è plausibile pensare che 600-700 militanti sarebbero in grado di convergere sulla Capitale al primo segnale. Una massa di camerati pronti a difendere la torre.

Lo abbiamo fatto anche a Casal Bertone, quando ci fu lo sgombero del Circolo Futurista. Non siamo gente che sta lì ad aspettare con le mani in mano. Sappiamo come muoverci, quali leve attivare. Tuttavia siamo anche consapevoli che quando c'è uno sgombero e i poliziotti arrivano in assetto antisommossa con blindati, lacrimogeni e idranti, a volte la resistenza attiva non basta. Ecco perché, sempre nei discorsi interni, si è ragionato anche su un'alternativa. Una soluzione, diciamo, da ultima spiaggia. L'estrema ratio ipotizzata, in caso di un insuccesso della reazione e della difesa del palazzo, è usare un'arma di ricatto nelle trattative. Qualcuno, per semplificare, forse scherzando o forse no, lo ha chiamato «piano B»: B come bombole. L'ipotesi del ricatto consiste nel paventare un'esplosione del palazzo che, come ho detto, è pieno di bombole di gas che servono per cucinare. Quasi tutti gli appartamenti della torre ne hanno una in cucina.

È chiaro che nessuno di noi si sognerebbe mai di far saltare in aria un palazzo di sette piani nel centro di Roma. Ma ecco, la sola ipotesi suggestiva nella mente di qualcuno dei nostri potrebbe rappresentare – accennata in un momento di conflitto o di tensione – un motivo sufficiente per dissuadere polizia e carabinieri dall'eseguire un eventuale ordine di sgombero. Il «piano B» in questi anni è rimbalzato nelle chiacchiere di capi e militanti. Che rimanga un'idea solo ipotetica è evidente. Il fatto poi che col passare degli anni la minaccia di sgombero si sia affievolita ha avuto su di noi una specie di effetto calmante. Ma di bombole, tra il serio e il faceto, si è parlato spesso.

C'è una curiosità. Se un giorno polizia e carabinieri venissero a sgomberare la torre, c'è uno spazio che esulerebbe dal loro intervento: l'ufficio al settimo e ultimo piano. Abbiamo scoperto che, per il catasto, quell'ufficio non esiste. Non si sa cosa sia. Di fatto, non fa parte dell'edificio, non è nelle planimetrie. Ecco, per assurdo, se capi e militanti si barricassero dentro quell'ufficio, nessuno potrebbe farli sloggiare. Immagino la scena: i camerati che, dopo avere resistito e risposto colpo su colpo, si rifugiano su al settimo piano, come in un bunker, facendo valere il diritto stabilito dalla legge. Quei sessanta metri quadrati non sono sgomberabili. Se stai lì dentro non commetti nessun reato. Almeno in teoria.

Capi e capetti

Questione di potere

In CasaPound il potere fa male. A chi lo subisce e anche a chi lo esercita. A qualcuno ha dato un po' alla testa, era inevitabile. E così ha finito per fare danni a tutta la comunità.

Il concetto di potere in un'organizzazione neofascista è un affare complicato. C'è, sì, l'aspetto militare e oligarchico. Ma poi questo tipo di potere, come in tutti i movimenti politici, si fonde con dinamiche interne, a volte nebulose. Che lo rendono una specie di mina. Rapporti, amicizie, liti, alleanze. Rotture clamorose. Cose anche banali.

La storia di Cp – come quella di tutti i partiti, nonostante noi un partito non lo siamo più – è anche una storia di potere. Di capi e capetti che si sono presi e mollati, che si sono giurati fedeltà eterna, nel nome dell'Idea e del comunitarismo identitario, ma anche traditi. Gente che viene dalla strada e che poi, quando pensavamo di diventare un vero partito, la strada l'ha persa. I motivi li spiegherò. Alla fine, anche se i militanti e le sezioni pensano chissà quali strabilianti meraviglie dei vertici – che siano, chessò, degli illuminati, dei saggi o dei veri leader – la realtà è molto più complessa.

Il nostro percorso comunitario e la parabola del movimento, dagli inizi al momento di massima ascesa fino al calo, sono stati scanditi da invidie, epurazioni e rivalse sfociate in faide e scissioni. Che hanno rovinato tutto. La verità è che il vero problema di Cp sono (stati) i capi e i rapporti tra loro.

Il padre padrone

Il gran capo di CasaPound è Gianluca Iannone. Almeno formalmente. Visto dall'esterno il leader è lui, e per tanti aspetti lo è effettivamente, anche visto dall'interno. Ma con spazi in condivisione, e altri che proprio gli sfuggono.

Iannone è una specie di monarca, di padre padrone. Anche se la gerarchia di Cp doveva essere autarchica e piramidale, all'apice dell'organizzazione c'è una persona ed è lui. Iannone dovrebbe rappresentare la guida. L'uomo da cui prendere esempio, il padre di famiglia che tiene unita la comunità con polso duro e deciso. Dovrebbe. Perché poi Gianluca è stato ed è tante cose insieme. Anzitutto è meno solido e sicuro di come si mostra. Di certo negli anni della gioventù, così come per il primo periodo di Cp, Iannone è stato una mente rivoluzionaria, anche una fucina di idee. Aveva una visione di insieme, più di tutti gli altri. Fin da quando, nei primi anni Novanta, poco più che ventenne, dopo l'esperienza nel Movimento politico occidentale (organizzazione neofascista sciolta con il decreto Mancino contro l'odio razziale), ha lasciato l'esercito e si è trasferito a Varese, dove ha aperto un pub insieme a Rainaldo Graziani (figlio di Clemente, fondatore del Centro Studi Ordine Nuovo e animatore della Corte dei Brut di Gavirate, sul lago di Varese, punto di ritrovo da anni dell'estrema destra italiana ed europea). Iannone ha sempre avuto tre passioni, la politica, la musica e le moto, e si può dire che le abbia sviluppate tutte e tre con alterne fortune. I due nomi con cui si è formato politicamente sono Graziani e l'ex dirigente di Terza posizione Gabriele Adinolfi, già latitante in Francia e che poi diventerà l'ideologo di Cp – qualcuno di noi lo chiama «Maestro». Iannone deve molto a entrambi. Soprattutto da un punto di vista culturale.

Anche CasaPound deve parecchio a questo asse Iannone-Adinolfi. A gettare le basi politiche sono stati loro due e Simone Di Stefano. Iannone è sempre stato un tipo vulcanico: uno che faceva mille cose, qualcuna riuscita, qualcun'altra meno. La sua intuizione, gli va riconosciuta, è stato capire che bisognava riaggregare l'estrema destra giovanile intorno a una sottocultura e a suggestioni diverse rispetto a quelle del passato. Basta liturgie di morte o nostalgiche; piuttosto, azione, dinamismo e velocità. Musica e luoghi. L'impianto Iannone ruotava e ruota intorno a due perni: i pub – e ovviamente la musica – e le case occupate (le Osa e le Onc). È stato lui a inaugurare la stagione delle occupazioni di destra. Anche se poi, paradossalmente, all'inizio era contrario a occupare Napoleone III.

Quando molla Rainaldo Graziani e il giro di Varese – che all'epoca era un laboratorio nero –, Iannone rientra a Roma e apre il Cutty Sark, che con orgoglio ha definito «il pub più odiato d'Italia». Il Cutty è ancora oggi il locale di riferimento dei neri a Roma. Da lì nascono Fahrenheit 451 – la Comunità organica di destino – e il suo gruppo musicale ZetaZeroAlfa. Nel 2006 Iannone è candidato alle elezioni politiche per il Movimento sociale fiamma tricolore, un partito che aveva ai suoi vertici Luca Romagnoli e dentro il quale c'erano anche Giuliano Castellino e Maurizio Boccacci (responsabile nazionale). Iannone ha portato lì dentro tanti di noi, eravamo la comunità militante di CasaPound. Ce ne siamo andati dopo la rottura, quando lui è stato cacciato dopo che abbiamo tentato di occupare la sede della Fiamma per protesta: avevamo chiesto un congresso nazionale e questo congresso non arrivava. Abbiamo fatto casino e procurato guai, lesa maestà. Iannone è stato cacciato da Romagnoli e da Boccacci per via del blitz nella sede. È stata la vera fortuna di CasaPound. Che nel 2008, con un documento politico messo giù da Adinolfi, si è costituita formalmente come associazione. Iannone ci ha convocato tutti ad Area 19, l'ex stazione ferroviaria Olimpico Farnesina, o «Stazione Farneto», uno spazio occupato da Cp alla Farnesina (Area 19 è stata poi sgomberata dall'ex prefetto Franco Gabrielli). Era il giugno del 2008, mi ricordo quei giorni come fosse ieri.

Nella sua vita Iannone ha fatto tanti mestieri: è stato il direttore di un giornale («l'Occidentale», l'organo di stampa del Movimento politico occidentale), ha diretto una radio (Radio bandiera nera, Rbn, la radio di Cp), guida un movimento politico, ha fondato un gruppo musicale, ha aperto pub e trattorie (Angelino). Il suo carisma per anni ha avuto un effetto magnetico sui militanti, ma nel tempo si è consumato. Oggi Iannone è a capo di un'organizzazione fiacca, che si è indebolita anche e molto per colpa sua. Per scelte sbagliate, per un atteggiamento a volte incomprensibile e ambiguo: eccessivamente duro con chi non meritava e troppo lassista con chi invece andava ridimensionato e lo ha mal consigliato. Troppi.

Fin dall'inizio Iannone avrebbe voluto aggregare gruppi e sottogruppi dell'estrema destra romana, con una visione che mescolasse militanza, cultura, musica e voglia di fare qualcosa. Un mix sicuramente proficuo. Negli anni, però, si è rivelato essere intimamente molto fragile. L'esatto contrario dell'immagine che vuole veicolare all'esterno. Non si è dimostrato un buon padre di famiglia, ma una specie di despota. La sua sostanziale insicurezza lo ha portato a circondarsi di consiglieri che non erano e non sono poi così illuminati. È vero che Gianluca ha un'ingenuità di fondo e un'idea di comunità quasi naïf, ma è anche uno molto sospettoso, ossessionato. Alle volte al limite della paranoia. È fissato con il concetto di fiducia sul modello romano gladiatorio, con tutti i riferimenti alla Rupe Tarpea (non a caso Rupe Tarpea Produzioni è il nome dell'etichetta discografica che ha fondato) e alla *damnatio memoriae*. In pratica: per lui o sei dentro il cerchio o sei fuori dal cerchio.

Passi dalle stelle alle stalle in un attimo. E lo decide lui. Pollice verso. Come una specie di Giulio Cesare. Iannone sa essere molto ruvido e violento. Non tanto verbalmente, quanto fisicamente. È lui il teorizzatore degli «schiaffoni educativi». Negli anni ne ha tirati parecchi e altrettanti ne ha fatti tirare dai suoi fedelissimi. A chi sgarrava. Lo stile della militanza per lui è sempre stato fondamentale. Se fai qualcosa che non rientra nei suoi canoni finisci nel tritacarne. Ma allo stesso tempo – in una specie di intermittente contraddizione in termini – ha chiuso gli occhi di fronte a casi gravi e imbarazzanti: tipo le botte che Luca Marsella provò a dare all'ex moglie Carlotta Chiaraluce. Nel 2004 a Predappio, nel giorno della tradizionale manifestazione in ricordo del duce – alla quale poi, negli anni, Cp ha smesso di partecipare – Iannone ha picchiato un carabiniere in borghese. Per quell'aggressione è stato condannato a quattro anni in primo grado per lesioni e favoreggiamento. Un'altra condanna (a dieci mesi) se l'è beccata per rissa per i fatti di Sulmona – 8 dicembre 2001, concerto degli ZetaZeroAlfa al Piccolo Teatro, alcuni giovani di sinistra entrarono e furono picchiati dai camerati. Insieme a lui sono stati condannati anche i fratelli Giombini (cinque e sette mesi).

Oggi Iannone è il leader fiaccato di un movimento ancora più stanco. Che non riesce a reinventarsi e a trovare nuova linfa vitale. Che ha smarrito quella spinta propulsiva che, grazie anche alle idee e alla costanza di Gianluca, per anni ha funzionato. Il padre padrone è circondato da un cerchio di *yesmen* che sanno solo compiacere, con scarsa personalità e poche e confuse idee. Risultato: più che alla politica e alle iniziative, Iannone si dedica alle motociclette e alle bevute. Va a divertirsi in Thailandia, meta dove è andato tante volte. Anche quando ha avuto problemi a Roma e per un po' ha preferito starsene lontano dai guai. In quel periodo a tirare avanti la baracca è stato Simone Di Stefano.

Da quando ha convertito la sezione milanese degli «Unici» (i finanziatori occulti di CasaPound, ci ritorneremo più avanti) nella Banda Andersen, Iannone passa i fine settimana a fare scampagnate coi centauri. Quando qualche nuovo militante mi chiede di lui, le prime cose che mi vengono in mente sono: avrebbe trovato un accordo con Stefano Ricucci, che l'ha convinto a mollare uno stabile occupato in zona Salaria, Casa Italia Prati; ha vissuto a Milano in un bell'appartamento in una zona alto-borghese insieme alla ex compagna Ludovica Minoli; infine nel 2019, sempre a Milano, ha guidato da vero camerata 2.0 il raduno per il centenario della nascita dei Fasci italiani di combattimento, uno degli eventi meglio riusciti e mediaticamente più incisivi della nostra storia. Il Gianluca Iannone di oggi, se paragonato a quello di allora, appare irriconoscibile.

Gianluca ha sempre voluto essere lo spauracchio della destra radicale, quello rispettato, quello di cui nessuno doveva dire niente, che nessuno doveva criticare né infamare. Quello che doveva e deve essere rispettato e temuto da tutte le altre comunità identitarie, neofasciste e neonaziste italiane, dagli skinhead di Milano alle teste rasate del Veneto Fronte Skinheads. Ma quello di padre padrone di CasaPound è un ruolo che alla fine per lui è diventato una specie di gabbia o di palude. Perché con questo atteggiamento padronale, Iannone non ha permesso a Cp di evolvere. Dopo anni di crescita durante i quali sembrava fossimo destinati a diventare un vero partito di estrema destra, capace di assorbire tutta l'area identitaria italiana, ci siamo fermati. E siamo tornati indietro. Con poca gloria.

Il consigliere

Uno dei più stretti consiglieri di Iannone è Andrea Antonini, e il rapporto tra i due è diventato ancora più intenso dopo la fuoriuscita di Simone Di Stefano.

Antonini è vicepresidente di CasaPound. Oggi lavora all'Astral (Azienda Strade Lazio), che è della Regione Lazio, dove è entrato grazie ai buoni uffici dell'ex governatore ed ex ministro Francesco Storace, a cui è sempre stato vicino (ha fatto parte della sua segreteria quando era presidente della Regione).

Il 14 aprile 2011 Antonini, allora consigliere del XX municipio per la Destra e coordinatore regionale di Cp, si trova a bordo di uno scooter in via Flaminia a Roma. Due uomini in moto, entrambi coperti da casco integrale, si avvicinano e uno dei due lo colpisce a una gamba con una pistola sparachiodi. Antonini viene trasportato al Sant'Andrea. Digos e polizia indagano per lesioni aggravate ma gli autori del tentativo di gambizzazione non sono mai stati scoperti. Antonini ha parlato di uno scambio di persona. La destra ha gridato all'«odio antifascista», ma le indagini della procura si sono orientate in altre direzioni e hanno portato alla scoperta di alcuni retroscena che riguardano la vittima dell'agguato.

È venuta fuori una brutta storia di passaporti falsi e appoggi forniti da Antonini al boss Mario Santafede, uno dei cento latitanti più pericolosi d'Italia. Il 20 settembre 2011 Santafede finisce in manette a Barcellona, si era dato alla latitanza dopo la condanna a quattordici anni di carcere per essere stato ai vertici di un sodalizio criminale che faceva arrivare a Roma fiumi di cocaina. Quando gli agenti dell'Interpol lo bloccano in un appartamento nel centro della città catalana, il narcotrafficante esibisce un documento rilasciato dall'allora XX municipio di Roma (oggi è il XV). Come era riuscito a ottenere quel documento Santafede? Grazie all'intervento di due dirigenti di CasaPound:

il vicepresidente Andrea Antonini e Pietro Casasanta, presidente della Salamandra, la nostra associazione solidaristica di protezione civile che da anni è attiva nei luoghi dei disastri ambientali, alluvioni e terremoti. I due avevano accompagnato Santafede nel distaccamento degli uffici municipali della Storta.

Questa vicenda ha fatto il giro del neofascismo italiano. E sebbene la storia dell'estrema destra sia piena di connessioni con la criminalità organizzata, va detto che né Antonini né CasaPound ci hanno fatto una grande figura. Per quella vicenda, nell'aprile del 2016 il nostro vicepresidente e Pietro Casasanta sono stati condannati in primo grado rispettivamente a due anni e a venti mesi. Non è mai stato dimostrato un nesso tra la gambizzazione e la vicenda del passaporto a Santafede.

Torniamo al curriculum di Antonini. Dopo gli esordi nel Fronte della Gioventù – come Di Stefano e tanti di noi, Antonini era stato anche uno dei dirigenti dell'organizzazione – fa il grande salto grazie appunto a Storace, che lo vuole con lui quando è a capo della Regione Lazio. Dal 2002, Antonini lavora nella sua segreteria, fino al 2005, quando entra in Cp e ne diventa vicepresidente. Antonini è da sempre vicino anche a Iannone, fin dai tempi de «l'Occidentale» – il mensile che Iannone dirigeva e che veniva pubblicato dall'estremista nero Maurizio Murelli – e del periodico «Fare Quadrato». Poi entra in Astral dopo essere stato dirigente del sindacato Ugl ai tempi di Renata Polverini. È stato tra i dodici imputati per il blitz che abbiamo fatto la notte del 4 novembre 2008 negli studi Rai di via Teulada da dove andava in onda il programma *Chi l'ha visto?*, colpevole di aver mandato in onda immagini inedite degli scontri avvenuti in piazza Navona pochi giorni prima tra studenti di destra – i nostri del Blocco studentesco – e di sinistra. Nel 2021 la procura di Roma ha chiesto una condanna a due anni e otto mesi per i dodici imputati, accusati di resistenza, violenza e minaccia a incaricati di pubblico servizio con l'aggravante del numero di partecipanti. Nel 2022 i reati si sono prescritti.

In CasaPound Antonini ha sempre avuto un ruolo apicale. Si accredita come un duro e puro, agli occhi dei militanti ama essere considerato così. Ma nei rapporti tra i vertici ci sono state dinamiche che spiegano alcune sfumature. Antonini ha sempre sofferto la figura di Simone Di Stefano, credo più che altro per via della forza tranquilla di quest'ultimo, della sua capacità di piacere a tutti i militanti. E sicuramente per il fatto che fosse diventato lui il volto pubblico e mediatico di Cp. Antonini ha sempre cercato di ostacolarlo, senza mai riuscirci davvero. Poi Di Stefano se n'è andato e questo complesso di inferiorità è cessato automaticamente.

Anche Antonini ha vissuto nella torre e da quando è venuto ad abitare nel palazzo ha iniziato ad avere un rapporto più «fisico» con la comunità. Che poi è il suo ruolo. Nel senso che Antonini coordina le varie sezioni di Cp, a partire da quelle romane, anche se queste ultime ormai hanno quasi tutte chiuso i battenti. Il suo ruolo di coordinatore lo ha esercitato imponendosi spesso con la forza, elargendo ai militanti schiaffoni educativi con grande facilità. A volte questi schiaffoni non erano dettati dalla reale volontà di «educare» ma da rancori, rivalse e invidie. Oggi Antonini vive in una casa che ha acquistato alla Storta. Sono lontani i tempi nei quali, fresco di separazione, cucinava sul fornelletto a gas in uno degli alloggi di via Napoleone III.

Clemente, il gagà

Quando penso a Marco Clemente mi viene in mente questa immagine: lui che arriva a una manifestazione in Mercedes decappottabile, vestito bene, con l'aria di uno appena sceso da uno yacht. Il classico piacione brillante, che fa girare soldi e belle donne. Insomma: non esattamente il ritratto del militante della destra sociale.

Simpatico lo è davvero, Clemente. Un volpone, più furbo che profondo. Con una storia molto diversa dal classico poundista. Calabrese d'origine, arriva in Cp tra il 2012 e il 2013, accreditandosi come uno bene, inserito negli ambienti milanesi che contano. Racconta di avere amicizie e parentele influenti, fa addirittura il nome di Giulio Andreotti lasciando intendere di avere un legame con «il Divo». Un po' millanta e un po' no. Di certo Clemente proviene dalla destra milanese, le sue radici politiche sono negli ex Alleanza nazionale e nel giro di Ignazio La Russa. Che non a caso Clemente ha portato, nel 2019, alla nostra festa Direzione Rivoluzione a Verona.

Prima di entrare in Cp, Clemente ha bazzicato in vari partiti: le diverse sigle della destra storica di Milano, ma anche il Popolo delle Libertà (PdL). Nel 2011 è stato candidato a Palazzo Marino a sostegno di Letizia Moratti sindaco. Aveva e ha conoscenze anche nella Lega. E pure in questo caso è lui il gancio con un altro big della politica nazionale: Matteo Salvini. È Clemente che agevola l'incontro tra «il Capitano» e i vertici di Cp, il presidente Iannone e il segretario nazionale Di Stefano. Se negli altri partiti ha sempre avuto ruoli marginali, da noi Clemente è stato accolto come uno che poteva e doveva pesare. Forse Iannone si è fatto abbagliare dalla circostanza che, appunto, Clemente avesse qualche soldino e qualche conoscenza. Sta di fatto che Clemente conquista subito spazio.

Anche a lui come ad Antonini – non a caso sono tuttora i due vicepresidenti di Cp – viene affidato un ruolo un po' da gerarca. Ma Clemente si allarga e di fatto diventa, insieme ad Antonini, il più stretto consigliere di Iannone. È un tipo che fa finta di andare d'accordo con tutti, Clemente. In realtà ha sempre mal consigliato Iannone e alimentato i problemi tra lui e Di Stefano. Che da amici fraterni e indivisibili a un certo punto si sono ritrovati nemici.

Clemente è stato sposato con Roberta Capotosti, collaboratrice dello staff del presidente del Senato Ignazio La Russa. Quella finita sui giornali perché, con la croce celtica al collo, ha partecipato a ogni anniversario di Sergio Ramelli. C'era anche nel 2024, ma non ha fatto il saluto romano come nel 2015, quando è stata anche immortalata con il braccio teso. Capotosti lavora da Angelino, la trattoria di proprietà dell'ex moglie di Gianluca Iannone. Per dire che in CasaPound tutti si tengono.

Oggi Clemente è sposato con Annamaria Gravino, giornalista del «Secolo d'Italia» e autrice della casa editrice Ferrogallico, vicina a Forza Nuova.

Il nome di Marco Clemente emerge in due inchieste. L'ultima, del marzo 2024 e ancora pendente, è quella sulla curva Nord degli ultrà dell'Inter e sulle lotte interne tra due fazioni del neofascismo milanese per prendere il potere in quel settore dello stadio Giuseppe Meazza. Il Ros dei carabinieri, coordinato dal procuratore capo di Milano Marcello Viola, fa luce sulla faida tra CasaPound, da una parte, e gli hammerskin di Lealtà Azione, dall'altra. Il nome di Clemente (non indagato) salta fuori dal cellulare sequestrato all'ultrà neroazzurro Matteo Ardolino, ex militanti di Cp, ritenuto dai magistrati l'«armiere della banda della Barona», quartiere alla periferia sud-ovest di Milano.

L'asse è tra Clemente, Ardolino e Francesco «Nervo» Polacchi, anche quest'ultimo dirigente di Cp, nonché amministratore delegato del marchio di abbigliamento Pivert. Polacchi a sua volta vanta legami (anche commerciali) con Nino Ciccarelli, vecchio capo ultrà pregiudicato degli Irriducibili dell'Inter con cui si è scazzottato dopo la morte di Daniele Belardinelli, il tifoso ucciso negli scontri prima di Inter-Napoli il 26 dicembre 2018. Dopo lo scioglimento del direttivo, la curva Nord è stata scalata da Vittorio Boiocchi, collegato alla 'ndrangheta e ucciso il 29 ottobre 2022. Il suo braccio destro era Andrea Beretta, killer di Antonio Bellocco, altro capo ultrà della curva ed esponente dell'omonimo clan 'ndranghetista, assassinato a coltellate il 4 settembre 2024 fuori da una palestra in via Nino Bezozzi a Cernusco sul Naviglio.

Ardolino contatta Polacchi e gli chiede dei suoi rapporti con Boiocchi. In pratica: Clemente, Ardolino e Polacchi si sarebbero adoperati affinché CasaPound potesse pesare in curva e avere la meglio sui camerati di Lealtà Azione, gli hammerskin di Stefano Del Miglio e Giacomo Pedrazzoli. Si trattava di inserire Ardolino ai vertici della curva Nord. È qui che entra in gioco Clemente, il quale, secondo l'inchiesta del Ros, per piazzare Ardolino incontra Boiocchi e gli recapita anche un messaggio di Gilberto Cavallini (l'ex Nar condannato per la strage di Bologna).

L'altra indagine risale al 2011. Nelle intercettazioni che a marzo di quell'anno portano in carcere decine di affiliati alla 'ndrangheta, ci sono anche queste sue parole (Clemente non è indagato), pronunciate quando era candidato alle elezioni comunali a Milano per il PdL: «Speriamo che muoia come un cane». La frase, che secondo gli inquirenti della Dda risale alle tre di notte del 17 febbraio 2008, scatena una bufera politica. Con chi parlava Clemente nella sala di un locale imbottito di microcimici della polizia? Con Giuseppe Amato, uno degli arrestati, luogotenente del boss calabrese Pepè Flachi per la riscossione del pizzo. Entrambi frequentatori di locali, è con Clemente che Amato si lamenta del fatto che molti titolari di discobar, ristoranti e locali notturni non pagano. Il «speriamo che muoia come un cane» di Clemente è riferito a uno di questi imprenditori. «Non mi riconosco in quelle parole» ha provato a difendersi. «Non le ho dette, non mi appartengono. Se le avessi pronunciate sarebbe scattata un'indagine su di me.» Il maxiprocesso sulle infiltrazioni della mafia calabrese al Nord – scaturito dalle operazioni «Infinito» e «Tenacia» – porterà a 110 condanne, con pene fino a sedici anni di carcere.

Clemente è uno che, soprattutto a Milano, conosce tutti. Ha contatti sia col «basso» sia con l'«alto». Dai picchiatori ultrà ai leader politici. E poi è un *bon vivant*, un *viveur* che frequenta ambienti vip. Ha sempre vantato una fama di *tombeur des femmes*, testimoniata dalla lunga storia con l'ex showgirl Antonella Mosetti, e ha portato in Cp Nina Moric tramite il suo ex fidanzato Luigi Favoloso. Per anni ha frequentato i giri dorati e le feste della Costa Smeralda, dove ha avuto anche degli affari. Cercava di bazzicare qua e là inseguendo il colpaccio, nel frattempo era (ed è) uno dei capi di CasaPound. Un mondo che con la Costa Smeralda ha poco a che fare. Anche a Roma Clemente vanta buone frequentazioni: politici, assistenti, portaborse. Soprattutto del giro di Fratelli d'Italia e della Lega. Pranzi e cene, diciamo, «di rappresentanza» e di relazioni. Abita in una bella casa in una zona residenziale della Capitale ed è proprietario di una nota catena di barberie.

Cerino Sebastianelli

Paolo Sebastianelli è il vero capo di CasaPound. Il tesoriere del movimento. L'uomo che, come si dice, ha le chiavi. Come lo è diventato? Semplice. È un militante storico, uno molto bravo coi numeri, preciso, affidabile, schivo, riservato. A Iannone non sono mai interessati i conti, né le entrate né le uscite. Quindi ha affidato a Cerino il ruolo di amministratore e cassiere. Sebastianelli è sempre stato l'uomo ombra per antonomasia. La maggior parte dei militanti manco lo conosce, non sa nemmeno chi sia. Questo è dovuto al fatto che è sempre stato dietro le quinte.

Pochi sanno che è la persona che conta di più nell'organizzazione, grazie a un ruolo tranquillo, pacato ma fondamentale. Cero è piccolino, non particolarmente fisicato. Non è mai stato uno da prima linea, ma è quello che decide tutto ciò che succede in Cp. Alla fine tutti vanno in pellegrinaggio da lui. Mi riferisco al direttivo. È Cerino che dà gli stipendi a capi e capetti, un migliaio di euro al mese.

Sebastianelli frequenta da sempre CasaPound. Si è fidanzato e sposato con Marta Crognale, sorella gemella di Maria Bambina (ex moglie di Iannone), e ha vissuto nella torre fino a qualche anno fa: quando è partita l'inchiesta per l'occupazione abusiva del palazzo e sono arrivate le relative condanne, Sebastianelli e moglie sono usciti e hanno comprato un appartamento vicino a quello di Maria Bambina. Anche in questo caso tanti di noi si sono chiesti come fosse riuscito ad acquistare un alloggio del genere o solo ad accendere un mutuo. Marta è un'impiegata del Comune di Fiumicino. Cerino lavora per Cp. Sono entrambi di umili origini, eppure hanno comprato un bell'appartamento in una zona prestigiosa di Roma. Chissà, forse nei vent'anni vissuti nella torre sono riusciti a risparmiare un bel po' di denaro, dato che non pagavano affitto, utenze, spese... Per me rimane comunque un mistero.

Cerino e Marta sono una coppia solida, che regge a differenza di tante altre nate in CasaPound. Lui è un tipo super riservato, non parla mai: agli eventi e alle manifestazioni non lo vedi. Ha rapporti solo con gli altri capi: tutti hanno enorme rispetto per lui, e lui va d'accordo con tutti. Zero legami con altri politici. Cerino gestiva anche i ristoranti Angelino e si occupava della nostra libreria, La testa di ferro, in centro a Roma.

Sebastianelli non è un tipo colto né particolarmente istruito. Ma è un drago coi numeri e la contabilità. Per dire: i soldi che ci davano gli Unici, i nostri finanziatori occulti, transitavano dalle sue mani. Anche quelli dei concerti e il cinque per mille che arrivava a CasaPound con l'intestazione alla cooperativa onlus Isola delle Tartarughe. Erano più o meno 50.000 euro l'anno. Dietro a ogni attività promossa da Cp c'erano e ci sono la mano e la calcolatrice di Cerino, che gestisce le cose in totale autonomia e riservatezza. Nessuno chiede, fa tutto lui. Ha sempre goduto della massima fiducia.

Dei nostri capi e capetti – a parte Clemente e Polacchi – non si può dire che sia gente che abbia visto soldi nella vita. Cerino sì, per le sue mani ne sono passati tanti. Nella storia dell'organizzazione verrà ricordato come il notabile, ma anche per essere stato uno dei quattro incursori che il 26 dicembre 2003 hanno conquistato la torre in via Napoleone III. Perché Paolo Sebastianelli è anche un tipo duro, tanti anni fa è stato inquisito per il pestaggio di un poliziotto, e poi prosciolto. Non avrà il fisico, ma ha la testa e la precisione meticolosa del capo-ombra.

Attilio «Tattoo» Granato

Attilio Granato è il responsabile dei militanti di CasaPound. Il dirigente a cui spetta il compito di coordinare la comunità, il terminale a cui fanno riferimento i capi sezione. Se ci sono problemi nelle sezioni è lui che se ne occupa per conto del direttivo. Non proprio un Mr. Wolf, ma Iannone gli ha affidato quel ruolo.

Granato è una figura per certi versi imbarazzante. Cinquant'anni, è il più tatuato di Cp. Ha il corpo ricoperto di rune, croci e simboli del fascio. I capelli rasati con in mezzo una cresta da dinosauro. È anche lui romanista come tanti in Cp, Iannone compreso. Ma a differenza del gran capo, che è uno che si strafoga di cibo, Attilio «Tattoo» Granato è vegetariano. Era il chitarrista del gruppo musicale di area Spqr ed è sempre stato uno manesco. Schivo. Fedelissimo di Iannone, per il quale si è sempre messo a disposizione quando c'era qualcuno da «rieducare».

Granato è uno di quelli che uniscono militanza politica e affari. È socio o comunque partner della catena di negozi di barberia di Marco Clemente, e anche di studi di tatuaggi a Roma e a Verona. In Cp Granato è conosciuto anche per la sua vita sentimentale particolarmente movimentata. Prima si è fidanzato con una ventiduenne padovana che gli ha creato vari casini (la ragazza aveva avuto una storia anche con Iannone, relazione che aveva provocato una frattura tra il super capo e la sua compagna di allora). Tra questi vari problemi, il più assurdo e incredibile riguarda una storia di cui si è parlato per mesi in tutte le sezioni. La fidanzata ventiduenne di Granato entra nella sezione di Verona, e in quel periodo i due partecipano insieme alle inaugurazioni delle varie strutture del Veneto. La ragazza è esuberante e quando altri uomini le si avvicinano, Granato – gelosissimo – sclera. Un giorno viene inaugurata una sezione a Conegliano, in provincia di Treviso, e all'evento partecipano anche Federico Da Pieve e Diego Dal Cin, due amicissimi di Attilio. I quattro fanno bisboccia insieme, si beve e si ride. Finita la festa, rientrano a Verona in auto con un militante soprannominato «il Pallottola» (perché diceva sempre che lui, per Simone Di Stefano, si sarebbe preso anche una pallottola nel petto), ma durante il viaggio qualcosa non funziona e si mettono a litigare in auto. Quando si fermano a un distributore, la fidanzata di Granato scende e dice di non voler risalire, ma lui la convince. Così, tornata a bordo, la ragazza chiama il padre e gli dice: «Sono in macchina con il mio fidanzato che vuole picchiarmi, aiutami...». Prima del padre della tipa, però, spunta la polizia, che aspetta l'auto fuori dal casello: posto di blocco, gli agenti intimano l'alt con i mitra spianati. Accanto alla volante c'è un'ambulanza. Le forze dell'ordine portano via la ragazza, perquisiscono la macchina e trovano un tirapugni e una mazza. Attilio Granato si prende la responsabilità: la mazza? È mia. Dopo quella sera Tattoo e la giovane fidanzata vanno in crisi. Lei si allontana, poi torna, e dopo un lungo tira e molla viene allontanata. Granato invece è ancora nell'organizzazione, dove continua a essere responsabile dei militanti. Oggi è anche lui un centauro e fa parte della Banda Andersen, essendo un fedelissimo di Iannone.

Simone Di Stefano, il segretario

Dice sempre che è orgogliosamente romano da dieci generazioni. Ha origini ebraiche da linea materna: la nonna, Miriam Di Nepi, era ebrea. In Cp non lo sapeva quasi nessuno. Lui durante la sua militanza non l'ha mai detto, né ha usato l'argomento delle sue origini quando, in alcuni dibattiti televisivi, è stato tacciato di antisemitismo – una volta accadde con l'ex deputato del Partito democratico Emanuele Fiano. Non credo che in Cp gli avrebbero fatto battute stupide sulle origini ebraiche. Se non altro per rispetto, visto che è stato il nostro segretario nazionale. Anche se da noi l'antisemitismo strisciante – e non solo – c'è sempre stato e c'è. Ma Simone Di Stefano è sempre stato ben voluto e stimato. Un tipo schivo, riservato. Aveva un ruolo pubblico – quello di portavoce – che interpretava bene, ma non amava la ribalta, nonostante fosse quello che in Cp ne aveva di più. Una specie di contraddizione in termini: un abile comunicatore che però, nella vita, è una specie di lupo solitario.

Il ruolo di frontman viene assegnato a Di Stefano perché sia Iannone sia Antonini, già candidati alle elezioni, erano risultati inadatti a parlare in pubblico e a gestire le situazioni. Di Stefano apparentemente ha un carattere più morbido e gentile, grazie al quale riesce a conquistare le persone. Sia i militanti, sia i cronisti che si sono interessati e avvicinati a noi.

Di Stefano è un misantropo. Viene dalla Garbatella e politicamente si forma nel Fronte della Gioventù, nella stessa sezione dove un giorno accoglierà Giorgia Meloni. Si iscrive al liceo scientifico e poi passa all'alberghiero Peruso Artusi di Roma. Cresce nel Movimento sociale italiano: Garbatella, poi Colle Oppio. In famiglia non respira politica: né al padre – che era pure comunista – né alla madre è mai interessata un granché.

In Cp Di Stefano è l'unico che ha avuto un rapporto personale con Giorgia Meloni. Dopo averla accolta nella sezione del Fronte della Gioventù diventano amici, condividono anni di militanza, trascorrono pomeriggi assieme. Lei all'epoca è fidanzata con Manolo Giombini, che è il migliore amico di Simone. Negli anni, tra Di Stefano e Meloni è rimasta una stima reciproca, anche se si sono persi di vista e hanno percorso strade molto diverse. Fin da subito. Lei segue la linea Fini e fa carriera nel partito, Alleanza nazionale poi Fratelli d'Italia. Lui resta coi rautiani, poi nella destra radicale e fonda CasaPound con Iannone (i due si sono conosciuti anni prima negli ambienti del neofascismo romano). Iannone pensa al nome, prima CasaMontag e poi CasaPound. Per anni Simone e Gianluca sono stati complementari: mente e braccio, braccio e mente. Di Stefano si fidanza nei primi anni delle superiori con Debora, che sposerà nel terrazzo della torre.

Passati dieci anni dalla separazione dalla moglie, Di Stefano ha una storia con Anna «Sugar», l'allora reggente della sezione veronese, ex dirigente nazionale e coordinatrice degli Unici. In Cp si dice che Sugar sia stata una disgrazia per Di Stefano. Quella storia è stata una specie di *casus belli*, da cui si è originata la frattura ai vertici dell'organizzazione. La relazione tra Di Stefano e Sugar non era di dominio pubblico: i due stavano abbastanza attenti a non farsi vedere troppo insieme. Lei era ben vista dal gran capo Iannone, che poi cambierà idea. Della vita privata di Simone Di Stefano si sa poco. Non frequentava la comunità di Cp, non lo vedevi mai alle feste. Finito il suo impegno pubblico, si ritirava. Ha abitato nella torre, anche se non in maniera continuativa, dal 2003 al febbraio 2022, quando ha lasciato il movimento. È stato arrestato in seguito a un blitz nella sede dell'Unione Europea a Roma il 14 dicembre 2013 (e condannato per furto aggravato a tre mesi con obbligo di firma, per aver sostituito la bandiera europea con quella italiana); poi di nuovo nel 2016, in seguito agli scontri con la polizia durante lo sgombero di due famiglie di occupanti abusivi (tra cui un'anziana indigente con figlio disabile) in zona Colosseo. Nel 2019 ha patteggiato una pena a un anno e quattro mesi. Eppure, al netto di questi episodi, è uno che non ha mai incitato alla violenza: mai una rissa, mai una scazzottata. In Cp faceva tante cose – portavoce, segretario, anche le grafiche usate per i manifesti e i social erano roba sua – ma Simone non è mai stato un violento.

Nel 2000 lascia Roma e si trasferisce a Londra in cerca di fortuna. Va a lavorare per la Meeting Point di Roberto Fiore e Massimo Morsello, sempre come grafico, e si ferma nella capitale inglese un annetto. Il futuro segretario di Cp che vola a Londra e lavora per Fiore e Morsello, i due fondatori di Forza Nuova, storicamente competitor di CasaPound... Strano, ma a quei tempi non più di tanto. C'è poi Gabriele Adinolfi, capo di Terza posizione, fondata insieme a Fiore e a Giuseppe Dimitri. Adinolfi è stato uno degli ideologi che hanno ispirato Cp, per anni ha lavorato dietro le quinte del movimento, ma con Di Stefano non andavano d'accordo per via delle posizioni filoatlantiste di Adinolfi.

Per anni i media hanno associato e identificato CasaPound con Di Stefano. È stato presidente e vicepresidente, segretario, portavoce. E detentore del simbolo, la tartaruga frecciata, che lui stesso ha disegnato con l'architetto Flavio Torrone. Anche se oggi, in realtà, quel simbolo non appartiene a lui ma a Sugar, la veronese.

Di Simone Di Stefano è noto solo il volto pubblico, molto meno quello privato, che lui ha sempre cercato di proteggere. Per vent'anni è stato impegnato pancia a terra per il movimento, cercando anche sponde internazionali: dalla Grecia – dove per anni facciamo asse coi neonazisti di Alba Dorata, i cui capi sono stati anche ospiti a Roma nella torre – all'Iran. Di Stefano ha visitato Teheran nel 2019, quando sembrava che gli iraniani volessero finanziarci per avere una base in Italia e in Europa. Poi non se n'è fatto più niente. In quel viaggio la nostra delegazione era composta da Simone, suo fratello Davide, Palladino e Sebastianelli.

L'uscita di Simone da Cp è stata una vicenda curiosa, con alcuni aspetti oscuri. Se n'è andato senza dire niente, all'improvviso, tra accuse e sospetti, anche se in realtà non aveva fatto nulla di male. Avrebbe potuto, e forse dovuto, spiegare, fare una conferenza stampa, dire la sua. Rimanendo in silenzio, invece, ha prestato il fianco a strumentalizzazioni politiche e a ricostruzioni anche fantasiose. Lui che per Cp è finito in una cella di sicurezza del Viminale (quando sostituì la bandiera dell'Europa con quella italiana nella sede della rappresentanza Ue a Roma, Iannone non c'era, era il periodo delle manifestazioni dei «forconi». Di Stefano fu blastato, gli dissero che non avrebbe dovuto farlo, che voleva far primeggiare la sua persona rispetto al movimento). Lui che si è fatto quattro giorni a Regina Coeli per essersi opposto allo sfratto di un'anziana indigente con figlio disabile. Lui che si è adoperato per farci uscire dal ghetto dei fascisti impresentabili e solo violenti. Ecco, proprio lui è andato via bollato come un infame. Un traditore interessato alla carriera e al potere, un individualista che aveva violato lo spirito comunitario.

Prima di andarsene, Di Stefano ha «firmato» le ultime cose e provato fino alla fine a far passare la sua linea, quella che voleva trasformare CasaPound in un vero e strutturato partito politico, capace di raccogliere intorno al proprio simbolo le varie anime della destra sociale romana e italiana. Nel dicembre del 2022 Roberto Fiore lo contatta e gli propone di fare asse sulle manifestazioni contro le chiusure per il Covid, il green pass e i vaccini. I due si vedono, ma non se ne fa nulla. La regia delle proteste – anche violente – resta in mano a Forza Nuova. Quella del Covid fu un'operazione gestita male. Siamo rimasti ai margini, con manifestazioni e proteste blande, laterali, che non hanno inciso.

A quei tempi Di Stefano era già in rotta con Iannone. La testa del movimento era spaccata, e questo chiaramente ha avuto ripercussioni anche sulle strategie da mettere in campo. CasaPound è apparsa disorientata, come fuori dai giochi. La scena dell'ultradestra era stata monopolizzata da Forza Nuova, che anche con l'assalto alla sede della Cgil aveva fatto in modo che si parlasse solo di loro. La capacità di incidere a livello mediatico, di trasformarci ogni volta in notizia, l'abbiamo persa in quei mesi. E pensare che è sempre stata il nostro vero punto di forza. Di Stefano ha iniziato a essere un corpo estraneo. Lui e Iannone erano di fatto separati in casa. E quelli che erano più vicini a Simone, chi prima, chi dopo di lui, sono usciti sulla scia del suo addio.

Non si può dire che il nostro ex portavoce e segretario nazionale non abbia fatto errori. Ne ha fatti anche lui. A suo modo anche lui ha tradito l'impostazione e l'ideale dell'organizzazione. Ai militanti ha trasmesso l'idea di comunità e ha saputo tenere insieme le varie anime del movimento con un lavoro di squadra e di diplomazia. Ma anche lui, nel tempo, ha accumulato contraddizioni, lacune, sbagli. Lui e suo fratello Davide hanno percepito il reddito di cittadinanza per tutto il periodo in cui la legge è rimasta in vigore, un anno e mezzo. Ma non puoi fare l'antisistema e intanto chiedere il reddito di cittadinanza. Come fai a essere credibile agli occhi dei militanti? All'esterno questa cosa non si è mai saputa, ma nella comunità sì. Non credo nemmeno che siano stati gli unici due in Cp a prendere il reddito.

Di Stefano oggi fa il guardiano di un palazzo sfitto, l'ex sede romana della Tim. Sorveglia affinché nessuno lo occupi, segue le manutenzioni ordinarie e vive in un piccolo appartamento lì dentro. Il palazzo vogliono metterlo all'asta, e prima o poi magari Simone verrà buttato fuori. Sarebbe la nemesi perfetta per uno che ha occupato un palazzo pubblico.

L'altra nemesi di Di Stefano, una specie di contrappasso dantesco, è che il fidanzato della figlia è un nero, africano e musulmano. Dicono che per lui non sia un problema, ma certo chi lo conosce giura che non l'avrebbe mai immaginato. Sono quelle carambole della vita che non puoi prevedere. Prendi anche la storia delle sue origini ebraiche. Lui non ne ha mai fatto menzione, ma non perché fosse preoccupato di qualche scocciatura. Dopodiché, forse qualche momento di imbarazzo in vent'anni lo ha vissuto. Nella retorica di Cp, soprattutto quando siamo andati all'attacco dell'Unione Europea, la teoria della Grande Regia Unica, il «partito unico dell'usura» cantato dagli ZetaZero-Alfa, si salda con la teoria della Grande Sostituzione. Sul banco degli imputati ci sono le oligarchie economiche europee e le élite finanziarie: per noi sono tutti sinonimi di ebrei. «Il partito di Soros», per semplificare. Ezra Pound, a cui ci ispiriamo, ha sempre teorizzato l'equazione tra economia e usura. Pound lanciò strali contro l'usura che soffoca il popolo, e i colpevoli per lui erano gli ebrei. Perché «l'ebraismo non è razza, è malattia», scriveva nel 1944 su «Il Popolo di Alessandria». CasaPound su questo non è mai stata esplicita o sfacciata, ma è chiaro che l'adesione a queste tesi è totale. Noi ci ispiriamo a Pound, a Evola e a Mussolini. Uno dei nostri documenti programmatici è il «Manifesto di Verona» che stabiliva che «gli appartenenti alla razza ebraica sono stranieri e nemici». Insomma: non siamo affatto estranei all'antisemitismo. È curioso che uno dei nostri capi storici abbia origini ebraiche, eppure in tv e nei comizi Di Stefano ha proposto spesso suggestioni sulle élite e sul mondialismo plutomassonico, insomma su nemmeno troppo velati riferimenti agli ebrei.

Davide Di Stefano

«Nel dubbio, mena» è stato uno degli slogan più fortunati di CasaPound. Tra i giovani andava fortissimo. Lo abbiamo stampato sulle magliette, i ragazzi del Blocco studentesco lo alternavano con le t-shirt «Cinghiamattanza», «Calci e pugni» e altre. Tanti di questi slogan vengono dal fondatore, insieme a Francesco Polacchi, del Blocco studentesco: Davide Di Stefano, fratello minore di Simone.

Romano, trentotto anni, Davide inizia la militanza seguendo Simone. Si trova in Cp con un ruolo di primo piano perché il Blocco studentesco è stato la prima figliazione del movimento. Tanti dirigenti vengono da lì, e Di Stefano jr è un tipo intelligente, spregiudicato. È stato il migliore amico di Polacchi: sono loro che nel 2008 – ai tempi della riforma Gelmini sulla scuola – hanno guidato con caschi e mazze i famosi scontri di piazza Navona. Dopodiché la coppia Di Stefano-Polacchi è scoppiata.

Davide ha frequentato il liceo classico a Roma. È giornalista, gestiva lui la comunicazione di Cp, ed è stato una delle prime firme de «Il Primato Nazionale» e prima ancora dell'«Idrovolante», la fanzine del Blocco. È anche un videomaker, tanti video di manifestazioni e iniziative sono opera sua. Oggi invece fa l'imprenditore, gestisce una catena di B&B a Roma. A differenza del fratello, ha fiuto per gli affari, i soldi gli piacciono. Simone è stato, diciamo, il suo faro politico. Poi Davide si è ritagliato il suo spazio e ha percorso la sua strada. Il Blocco studentesco era in mano a lui, stava nella direzione nazionale, lui e Polacchi si smazzavano volantini, campagne pubblicitarie, grafiche. Poi Nervo ha preso la strada dell'imprenditoria, la stessa che imboccherà Davide una volta uscito da CasaPound.

Se dovessi descrivere Di Stefano jr in tre aggettivi direi: diretto, violento, furbo. Ha collezionato risse e botte – più date che prese – in quantità industriale. Quando c'era qualcuno da menare, lui c'era. Anche per questo molti militanti lo rispettavano, era visto come una specie di Braveheart di CasaPound. Polacchi aveva un complesso di inferiorità nei suoi confronti. Davide è stato rugbista con la squadra di Cp, per un periodo ha seguito la parte delle associazioni sportive legate al movimento. All'inizio tanti di noi lo consideravano un raccomandato del fratello, ma non era così. Davide ha una personalità forte e, soprattutto, non guarda in faccia nessuno. Per certi versi è egoista, ma ha condiviso ogni mossa col fratello.

L'idillio con Polacchi si è rotto per una vicenda legata a «Il Primato Nazionale». A guidare la testata, prima che finisse sotto la direzione di Adriano Scianca, era Davide. Il periodico era nato da un'idea di Simone Di Stefano, che sentiva l'urgenza di dotare Cp di un suo organo di stampa. Sia online che cartaceo. I soldi ce li ha messi Polacchi. Il giornale andava bene, ma nel 2020 Di Stefano jr ha iniziato ad accusare Nervo di giocare sporco, e cioè di stipendiare tutti i capi sezione, così da «comprarseli» influenzandone le scelte quando si trattava di esprimersi su qualche questione in direzione nazionale. Quando Davide tira fuori questo problema, Polacchi si offende. Evidentemente era stato toccato un nervo scoperto. La prima maretta tra i due nasce lì. Poi Davide molla due schiaffi educativi a Luca Marsella e per questo motivo viene sospeso dal movimento e poi cacciato. A fare da detonatore sono le lamentele di Polacchi che va a lamentarsi da Iannone. Di Stefano jr viene buttato fuori da CasaPound anche all'insaputa del fratello Simone, che all'epoca era il segretario. Era stata una decisione del direttivo e Simone, seppur controvoglia, l'ha accettata.

Dopo l'uscita da Cp, Davide si è allontanato dalla politica. Ha fatto qualcosina con il movimento Indipendenza! di Alemanno – nel quale era impegnato anche Simone – ma poi è uscito. Si è sposato con Ilaria, anche lei ex militante. Se oggi gli parli del movimento gira le spalle e se ne va. Eppure è stato per anni in prima linea. Nelle manifestazioni più dure c'è sempre stato. Forse coltivava ambizioni politiche e organizzative. Forse pensava di avere un trampolino grazie al movimento. Non è stato così.

«Mister Pivert» Francesco Polacchi

Francesco Polacchi, detto Nervo, è conosciuto come l'imprenditore di CasaPound. È il fondatore e proprietario del marchio di abbigliamento Pivert, e della casa editrice Altaforte che pubblica la testata «Il Primato Nazionale». Polacchi si forma politicamente nel Blocco studentesco, che dirige per anni in tandem con Davide Di Stefano. Erano indivisibili, amici per la pelle. Ma mentre Davide proviene da una famiglia modesta di sfrattati, Polacchi è il «ricco» e ha un padre benestante (ex camionista, ex agente di cambio, ghostwriter, «comunista»).

Nervo fonda il Blocco studentesco il 12 settembre 2006, dopo averne parlato con Gianluca Iannone e con Davide Di Stefano. Prima stava in Azione giovani e in Area, vicino a Marcello De Angelis, ex Terza posizione e frontman del gruppo 270Bis. Polacchi e Davide Di Stefano formano per anni una delle due coppie-gol di CasaPound: l'altra era il duo Iannone-Simone Di Stefano.

La differenza tra i due tandem è che mentre Simone era uno tranquillo, sia Davide sia Nervo sono sempre stati due fumantini. Polacchi finisce a fatica le superiori, poi fa Giurisprudenza ma non arriva alla laurea. Ha sempre sofferto un complesso di inferiorità nei confronti di Davide: si sentiva meno leader e meno di successo. Dalle ragazze alle attività, Davide era sempre un passo avanti. La fortuna di Polacchi è stata di avere una famiglia con qualche soldino in tasca che lo ha supportato nel costruire qualcosa. Parte con 20.000 euro che gli danno i genitori, apre una società di comunicazione che poi vende per fondare Pivert. Che va forte. Il bingo di Nervo è quando nel 2018 Matteo Salvini – a cui aveva regalato il giubbino griffato dopo la famosa cena coi vertici di Cp nel 2015 – lo indossa allo stadio Olimpico di Roma in occasione della finale di Coppa Italia Juventus-Milan del maggio 2016. A quel punto, un po' si monta la testa, Nervo. Il suo marchio – con il simbolo del «picchio» – rimbalza su media e giornali, e lui cammina a due metri da terra. Pensa di essere diventato il grande imprenditore fascista.

Pivert nasce come azienda pura: apriamo i negozi, facciamo lavorare i camerati eccetera. Poi però diventa una mezza fregatura. Pivert all'inizio ha successo. Il modello di tante campagne pubblicitarie era Manolo Giombini, l'ex di Giorgia Meloni; Simone Di Stefano faceva il grafico, Polacchi ci metteva i soldi. Iniziano ad aprire negozi in giro per l'Italia, più o meno uno in ogni grossa città. Solitamente dove c'era anche una nostra sede. Polacchi fa società principalmente coi responsabili di sezione: a Bolzano con Andrea Bonazza; a Torino con Marco Racca. Nervo si trasferisce a Cernusco sul Naviglio (Milano) perché sua moglie Alessandra è di lì. Anche lei, promoter finanziaria, è una storica militante di CasaPound. Quando Pivert fa il botto sono tutti molto entusiasti, tutti indossano i capi del marchio. Parallelamente nasce «Il Primato Nazionale». Polacchi inizia a stipendiare altri capi sezione. Sia il giornale sia Pivert dovevano servire a condividere entrate e uscite, in modo quasi socialista.

In realtà Polacchi stipendia tutti i capi sezione. Per avere peso. Chi mai si sarebbe messo contro uno che lo stipendiava? Per questo motivo i rapporti tra Nervo e Davide Di Stefano iniziano a deteriorarsi. I due litigano, Di Stefano imputa a Polacchi di usare gli stipendi ai capi sezione come arma per il suo potere politico, si ribella e viene sospeso perché accusa l'ex sodale di poca trasparenza. In Cp allora comandava chi aveva i soldi, perciò Davide viene brutalmente cacciato via. Inizialmente si parla di un provvedimento di sospensione, poi diventa un'epurazione vera e propria. Di lì a poco anche Simone Di Stefano abbandona il movimento. Quando i cortei li guidava Simone, erano sempre composti. Da quando inizia a guidarli Nervo Polacchi diventano un'altra cosa: roba da curva, da ultrà (lui lo è stato, nella curva Sud romanista, come tanti altri in Cp, Iannone compreso). Simone all'epoca era ancora nell'organizzazione, ma non lo facevano più parlare dal palco.

Il potere logora chi non ce l'ha. Polacchi negli anni ha ingaggiato duelli con tanti. Per primeggiare. È arrivato anche a minacciare una donna: la veronese Sugar. È arrivato quasi alle mani. Non ero presente durante l'accaduto, ma è una storia che è girata tanto nelle sezioni. Un po' perché da noi essere violenti con una donna è sempre stato considerato un atto poco da camerata. Ma soprattutto perché lei era la donna di uno dei capi, Di Stefano, quindi teoricamente intoccabile. Ad ogni modo questo è quello che sarebbe successo.

All'epoca in cui doveva uscire il libro della cronista del «Giornale» Chiara Giannini *Io sono Matteo Salvini*, pubblicato da Altaforte Edizioni, Sugar, che a Verona gestiva l'associazione Nomos con l'avvocato Andrea Bacciga, propone all'autrice di organizzare la prima del libro proprio nella città scaligera. Giannini accetta volentieri e Sugar prenota la sala. La cosa monta per via della storia del Salone del Libro di Torino, la cui direzione ha escluso dal Lingotto la casa editrice di CasaPound, di fatto rifiutandosi di ospitare la presentazione del libro. A quel punto, nonostante a Verona fosse già tutto organizzato, Polacchi propone di farla nella torre. A Roma, in anteprima. Sugar dice no, perché aveva già prenotato tutto (sala, alberghi eccetera) a Verona. È il giugno del 2019, e alla Tana delle Tigri – l'evento annuale che si svolge a Roma, preceduto da un corteo – si accende un diverbio. Durante la manifestazione, Polacchi porta Sugar fuori in un angolo. «Tu cosa pensi di fare?» le chiede a muso duro. E lei: «Quello che ho programmato di fare. Ci ho investito dei soldi». E quando Sugar aggiunge «siete i soliti disorganizzati, e dato che avete firmato un contratto, se fai saltare tutto ti tocca pagare una penale», Polacchi, non abituato a essere contraddetto, soprattutto da una donna, perde le staffe e quasi le mette le mani addosso.

Oggi, quasi vent'anni dopo la nascita del «suo» Blocco studentesco, in tanti nutrono un rispetto di facciata nei confronti di Nervo, dovuto al fatto che, anche se il giro d'affari di Pivert e di Altaforte è molto calato, Polacchi garantisce ancora degli stipendi e quindi dà da vivere a dei militanti. Nel 2024 anche il suo nome è spuntato (non indagato) nell'inchiesta sulla curva dell'Inter infiltrata dalla 'ndrangheta (il procedimento è ancora aperto) e teatro di faide interne e contrapposizioni tra opposte fazioni di estrema destra: CasaPound, con il trio Clemente-Ardolino-Polacchi, da una parte; e Lealtà Azione, con i due capi Stefano Del Miglio e Giacomo Pedrazzoli, dall'altra. Quando era a Roma Polacchi era un ultrà della curva Sud, ma quando si è trasferito a Milano ha iniziato a frequentare gli ambienti della curva Nord interista. Giravolte e cambi di casacca in nome degli affari. E di piccole, piccolissime fette di potere. Negli ultimi due anni, tuttavia, il business di Polacchi ha iniziato a girare male. La maggior parte dei negozi e delle librerie ha chiuso, e per provare a far quadrare i conti Mister Pivert ha ripiegato su alcune operazioni commerciali a carattere nazional-popolare – decisamente trash – slegate da quella che è l'estetica del neofascismo. Un esempio quasi grottesco è la linea di magliette prodotte per «Filippo Champagne», un influencer che ostenta uno stile di vita tutto vizi, alcol, gioco d'azzardo e donne. Quarantotto anni, Filippo Champagne, al secolo Filippo Romeo, è fratello del capogruppo della Lega al Senato Massimiliano Romeo, nonché ospite di punta del programma radiofonico *La Zanzara* in onda su Radio24. Si definisce «orgogliosamente ludopatico», si vanta di fare colazione con il vino rosso dopo un'intera giornata passata a dormire e ai suoi 500.000 follower su Instagram racconta le sue serate alcoliche nei locali milanesi. In alcuni video sfoggia t-shirt con la scritta a caratteri cubitali PIVERT. Insomma: giunta al non gloriosissimo approdo di Filippo Champagne, la parabola del neofascista Francesco Nervo Polacchi non sembra essere nel suo punto di massima ascesa.

Luca Marsella

È sbucato fuori così, all'improvviso. Sarebbe stato l'ultimo dei militanti. La sua fortuna – ne è consapevole anche lui – è essere stato il marito di Carlotta Chiaraluce. Ricca, bella, influente, in gamba.

Lui era il cavalier servente di «Lady preferenze», soprannome di Carlotta. Lei e lui sono entrambi di Ostia. Luca Marsella è uno dedito, che obbedisce senza chiedere nulla. Quando il portavoce Simone Di Stefano è stato cacciato, non c'erano altre persone a disposizione da mettere al suo posto. Probabilmente anche suo malgrado, Marsella si ritrova quindi a fare il portavoce. Prova in ogni modo a emulare Di Stefano, ma soffre la sua figura, ha un complesso di inferiorità e probabilmente lui stesso si sente inadeguato al ruolo. All'edizione del festival Direzione Rivoluzione del 2021, Di Stefano non è nemmeno in locandina. Tutti i militanti si chiedono dove sia finito, così inseriscono il suo nome all'ultimo momento, perché non sanno più cosa rispondere alle voci che correvano da sezione a sezione su cosa sia successo, e perché l'intervento di Simone non è previsto, quando invece – tradizionalmente – i suoi discorsi sono sempre i più attesi e seguiti. Quando Di Stefano conclude il suo intervento tutti i militanti scattano in piedi, e giù standing ovation; quando invece parla Marsella, solo applausi di circostanza. Lì Luca capisce che non riuscirà mai ad avere un profilo come quello che si è ritagliato il suo predecessore. Marsella è un esecutore, un soldato semplice elevato a un rango che gli va largo. Ma che certamente ha portato il suo nome fuori dall'anonimato della semplice militanza.

Ancora oggi Luca Marsella è un portavoce debole, che prende ordini da Iannone, Clemente e Antonini. Non ha una sua autonomia di azione. È uno dei frontman alle manifestazioni, è vero, ma senza avere né il carisma né il fisico del ruolo. È lui che si interfaccia coi cronisti, che parla in conferenza stampa, che esprime le posizioni e la linea di CasaPound. Ma quella linea e quelle posizioni ovviamente non le ha decise lui, ma altri.

La parabola di Marsella in Cp è inversamente proporzionale a quella dell'ex moglie Carlotta Chiaraluce. Si sono sposati con una bella festa a Ostia, dove la famiglia di lei possiede un noto stabilimento balneare. Poi il matrimonio è finito e a Ostia il movimento ha subìto uno scossone. La scelta dei vertici è stata di scaricare Chiaraluce e tenersi Marsella, il cui nome e volto rimarranno per sempre associati a quelli di Roberto Spada, l'esponente della nota famiglia di Ostia protagonista dell'aggressione a Daniele Piervincenzi, inviato del programma di RaiDue *Nemo*. Alcuni membri degli Spada negli anni scorsi parteciparono a eventi a Ostia con noi. E il volto del movimento che finì nelle fotografie con gli Spada era il suo, quello del futuro portavoce del movimento: Luca Marsella.

Andrea «Bonny» Bonazza

Da capo ultrà dell'Hockey Bolzano a super consigliere comunale con 861 preferenze su un totale di 2.500 voti – il 6,7 per cento, quinta forza politica in città. Andrea Bonazza, detto «Bonny», nel 2016 sbaraglia tutti: si conferma nel consiglio comunale della sua Bolzano, dov'era entrato, come ariete del nostro movimento, un anno prima. Voti triplicati, più di Fratelli d'Italia e appena sotto la Lega. «Siamo figli del tricolore», esulta Bonny. Gli altri due consiglieri eletti sono Maurizio Puglisi Ghizzi e Sandro Trigolo, appena dietro Caterina Foti, anche lei di Cp, la donna più votata a Bolzano.

Bonny è uno che andava e va ai raduni neonazisti, che fa il saluto romano sotto il naso dei poliziotti, che promette «soluzioni estreme e radicali». È sempre stato un fedelissimo di Gianluca Iannone, un suo uomo. È coordinatore di Cp per il Trentino Alto Adige. Appena eletto fa notizia perché si presenta in consiglio comunale con la felpa della divisione belga Charlemagne delle SS. Intanto apre sia una libreria Altaforte sia un negozio Pivert, i due business commerciali di Francesco Polacchi, a cui Bonny è sempre stato vicino. Ha fama di prepotente e violento, viene dal Veneto Fronte Skinheads e, da quando lo conosco, è sempre stato un picchiatore.

Bonazza ha sempre goduto e gode di grande considerazione da parte di Iannone. È uno che vive per CasaPound, non ha famiglia, fa ancora l'ultrà. Durante la campagna elettorale del 2018 organizziamo un incontro con i cittadini in un bar a Tregnago, in Lessinia. Al tavolo dei relatori ci sono: Bonazza, l'avvocato Roberto Bussinello (già responsabile politico di Cp in Veneto, poi passato al Progetto nazionale di Piero Puschiavo), Gloria Frezza e Alessandro Signorato (ex consigliere Lega di San Bonifacio, uscito dal Carroccio per entrare in Cp). Durante l'incontro qualcuno del pubblico chiede: «Ma con tutti 'sti immigrati e negri cosa dobbiamo fare?». Bonazza domanda a sua volta: «Non ci sono microfoni o giornalisti, giusto? Allora, per le elezioni dovrei dire che sono i benvenuti se si integrano eccetera eccetera. In realtà dico che c'è da spargli!». Standing ovation della platea. Quelle parole evidentemente funzionano visto che a Tregnago otteniamo un buon risultato elettorale.

Bonazza è questa roba qua, e a Iannone piace un sacco. Gianluca non ama i politici, mentre i militanti, soprattutto quelli molto frontali, li ama molto. Il 30 dicembre 2024 Bonazza, Iannone e Antonini sono insieme a Trento – una città a noi ostile dove i rossi sono più radicati – a inaugurare il Baluardo, una nuova sede che abbiamo aperto lì.

Abbondanti bevute, look da biker e saluti romani. Casa-Pound modello Iannone.

Er Roscietto

Mauro Antonini, per tutti «Mauretto er Roscietto», è stato un fedelissimo dell'organizzazione. Uno che ha sempre avuto tanta voglia di emergere e di fare politica. Minuto, gracile, ma tosto. Non si tirava mai indietro. Parlo al passato perché Mauretto (che con Andrea Antonini condivide solo il cognome) è stato espulso dal movimento.

Nel corso della sua militanza, Mauretto ha vissuto tre momenti di gloria, forse quattro. Il 23 marzo 2012 a Casal Bertone, periferia romana, ci sono violenti scontri tra i nostri del Circolo Futurista, di cui Mauretto era responsabile, e gli antifascisti dei Magazzini Popolari. Tutto era iniziato con un'aggressione ai danni della madre di Mauretto, a cui era seguito uno scontro, i nostri con caschi e bastoni, davanti alla loro sede. Era il giorno in cui si festeggiavano i cinque anni di attività del Circolo Futurista. Nel pomeriggio gli antifa avevano organizzato un corteo e gli incidenti erano cominciati in via Orti di Malabarba, a pochi metri dal circolo. Mauretto era andato a chiedere spiegazioni ai Magazzini Popolari dopo l'aggressione alla madre.

Nel 2015 secondo momento di notorietà: a Casale San Nicola, quartiere di Roma, una quarantina tra residenti e militanti di Cp accolgono, bloccando la strada per protesta, l'arrivo di un pullman con una ventina di richiedenti asilo trasferiti, per volere dell'allora prefetto Gabrielli, in una ex scuola della borgata. Risultato: tafferugli tra militanti e forze dell'ordine. La polizia usa gas lacrimogeni e cariche per interrompere il nostro blocco stradale. Quattordici agenti rimangono feriti. Quando passa il pullman i manifestanti lanciano bottiglie, partono insulti e saluti romani. La polizia riesce comunque a far entrare i cittadini stranieri nella struttura. Mauretto c'è sempre.

E c'è anche nel gennaio 2022, dieci anni dopo gli scontri di Casal Bertone, quando la polizia sgombera il Circolo Futurista che occupava abusivamente dei locali dell'Inps: anche lì scontri, sei poliziotti feriti. I nostri hanno aspettato gli agenti coi volti coperti, tirapugni, protezioni; si sono messi a lanciare fumogeni e a caricare le forze dell'ordine cercando di resistere all'ingresso del circolo. Durante gli scontri fermano Luca Marsella, allora consigliere a Ostia e nostro portavoce, e un altro militante. Il Circolo Futurista era il vanto di Mauretto. Era un presidio sul territorio attivo a Casal Bertone da tredici anni, uno dei pochi dove non sventolava la bandiera rossa.

Prima (2019) c'erano stati anche i giorni di Torre Maura, altra periferia romana, dov'era montata la protesta dei residenti contro il trasferimento non annunciato di decine di rom in un centro di accoglienza del quartiere. Al secondo giorno di proteste, quando in zona è già pieno di troupe televisive e di giornalisti, il quindicenne Simone esprime il suo dissenso contro quei blocchi, dando vita a un confronto verbale proprio con Mauro Antonini, che nel frattempo è diventato responsabile di Cp per il Lazio. Il ragazzo mette insieme una serie di luoghi comuni e sfoggia il compitino della sinistra pro immigrati, e Mauretto fa il suo cercando di spiegargli che le cose non stanno come le dipinge. «Volete solo i voti...», gli ribatte Simone, che chiede che «nessuno venga lasciato indietro». Il video del confronto fa il giro del web, insieme alle immagini di alcuni residenti impegnati a calpestare dei panini che erano finiti a terra anziché essere distribuiti ai rom per rifocillarli.

Sembra passata un'era glaciale da Torre Maura e da Casal Bertone. Oggi Mauro Antonini vive in centro a Roma e si è sposato con la figlia di un noto medico romano. Inizialmente coordinava gli Unici su Roma, ma quando ha capito che CasaPound non andava più da nessuna parte ha provato a guardarsi intorno in cerca di altri lidi dove poter fare politica. Inizia a coltivare rapporti con la Lega e dentro Cp lo accusano di farsi i fatti suoi. Dopo che il movimento, nel 2019, decide di non presentarsi più in nessuna tornata elettorale ma di fare «entrismo» in altri partiti, di infiltrarli, diciamo così, Mauretto lo fa con la Lega Salvini premier, che con alcuni militanti aveva partecipato insieme a noi alle proteste nelle borgate. Dai vertici, sulla testa di Antonini piove l'accusa di avere disatteso le direttive, di pensare solo a sé stesso e alla sua carriera politica. Morale: Mauretto er Roscietto viene cacciato con quattro schiaffi educativi.

I finanziatori

Il cerchio degli Unici

Si chiamano Unici. Sono una settantina di persone. Uomini e donne. Imprenditori, professionisti, giornalisti, politici, avvocati, docenti universitari. Un ambasciatore famoso, noto alle cronache di questi anni. Generali. Ma anche tassisti, una guida turistica, e tanti altri insospettabili.

Gli Unici nascono nel 2017, un anno prima delle elezioni politiche, da un'idea di Gianluca Iannone e di Marco Clemente. CasaPound aveva bisogno di finanziatori. Dopo quasi quindici anni di vita – durante i quali, essendo solo un movimento metapolitico, ci eravamo autofinanziati con attività varie e contributi diretti – quando arrivano le elezioni politiche che, secondo i piani, avrebbero potuto e dovuto farci fare il salto di qualità, servivano risorse. La politica, si sa, costa. Campagne elettorali, iniziative, candidature. Ricordo che eravamo in ballo con la selezione dei candidati. Ma la condizione necessaria era, appunto, trovare dei finanziatori. Gente che potesse assicurarci una copertura. Non solo nell'immediato ma anche nel tempo. Per far crescere il movimento e aiutarci a essere competitivi in mezzo a partiti e partitoni al confronto dei quali eravamo meno che nani. CasaPound è sempre stata un movimento, mai un partito. Non ha mai percepito finanziamenti pubblici, solo il 5 per mille. E dunque...

Nel 2018 prendiamo l'uno per cento. Il prima e il dopo richiesero un gran lavoro. Occorreva dividere i camerati più giovani – che si spendevano nella militanza più pura, le strade, le piazze – da altri che, per motivi vari, anche di riservatezza, pur condividendo l'Idea, non potevano portare avanti la militanza nelle forme classiche. Per la posizione che avevano. Per il lavoro che facevano. Anche per una questione anagrafica. Ecco dunque come nascono gli Unici: un gruppo segreto di militanti – diciamo maturi e saggi – che sono anche finanziatori. Quelli che hanno permesso e permettono a Cp di essere ancora in vita.

Pubblicamente nessuno ha mai saputo della loro esistenza, nemmeno i militanti «semplici». Gli Unici li abbiamo sempre tutelati perché ci hanno chiesto loro di essere protetti. Nessuno doveva conoscerli. I loro nomi e il loro impegno – anche finanziario – in Cp dovevano restare riservati. Da anni i giornalisti impazziscono alla ricerca dei finanziatori occulti di CasaPound. Chi ci ha sostenuto economicamente? Chi sono questi fantasmi sconosciuti che hanno messo i soldi? Non sono mai riusciti a scoprirlo, non è mai emerso niente. Perciò è arrivato il momento di raccontare chi sono e cosa fanno, gli Unici.

Marco Clemente. Tutto comincia grazie a lui. Clemente allora si occupava di rapporti diciamo «istituzionali», aggettivo che, se accostato a Cp, sembra un parolone. Era lui che teneva i contatti con le altre forze politiche, in particolare Fratelli d'Italia e Lega. Per vari motivi, sono questi i due partiti con cui abbiamo dialogato negli ultimi anni – prima c'erano stati Alleanza nazionale e la Fiamma Tricolore. Il milanese Clemente era già stato candidato più volte dalla destra milanese, aveva contatti avviati e di vecchia data, in particolare con l'attuale presidente del Senato Ignazio La Russa e il suo giro. Clemente è un imprenditore ed è anche uno a cui piace lasciar intendere cose più grandi di quanto realmente siano, tipo parentele e relazioni illustri (come già ricordato, addirittura con Giulio Andreotti). Anche per questo, sembra vantare un'estrazione sociale e delle frequentazioni diverse rispetto alla gran parte dei dirigenti e dei militanti romani di Cp, che hanno una collocazione socio-culturale molto più popolare. Non è gente di relazioni, non sono esattamente dei professionisti nel gestire i rapporti di carattere politico o affaristico. Erano e sono molto più ruspanti, «di strada». Risultato: bisognava alzare un po' il livello.

A Iannone e Clemente viene perciò questa idea degli Unici. Si decide cioè di mettere assieme persone con uno standing superiore al nostro, gente adulta, che viene dal mondo delle professioni. Gente che avrebbe potuto portare, oltre ai soldi, anche un valore aggiunto in termini di spunti, idee e contributi politici. E anche prestigio all'organizzazione.

La gestazione e la genesi degli Unici – ci sono chat e documenti che confermano i rapporti tra questi soggetti e CasaPound, e il supporto che hanno garantito al movimento – non sono rapidissime. In mezzo ballano, appunto, le elezioni politiche del 2018 che – nonostante non siano andate come sperato – ci hanno comunque regalato un risultato anni prima nemmeno immaginabile: l'uno per cento. Non siamo riusciti a entrare in Parlamento a far volare le sedie, come aveva promesso Simone Di Stefano. Ma comunque non era un risultato da buttare, anzi.

Dopo quell'uno per cento Di Stefano vuole strutturare Cp come un partito: più impianto, più meritocrazia, dirigenti votati dai camerati e non decisi da Roma, ovvero dall'alto. Nei suoi piani c'è l'intenzione di dare all'organizzazione un'impostazione più politica, non più metapolitica. Con il senno di poi – ma nel frattempo anche lui, come tanti, se n'è andato –, se Simone fosse stato votato prima segretario avrebbe potuto gestire la linea politica più in autonomia. Lui aveva detto: facciamo delle elezioni, poi se vinco voglio essere io a decidere la linea.

Riavvolgo il nastro di quel periodo. Poco dopo il 2018 organizziamo un grosso convegno al Centro Cavour di Roma: ai militanti si spiega l'opportunità di creare dei dipartimenti (per esempio, sanità, giustizia, economia eccetera). Ogni dipartimento avrebbe portato avanti dei dossier, delle proposte che sarebbero poi state valutate dal segretario. Ma l'idea naufraga. E il motivo è che Gianluca Iannone non vuole questa cosa. Teme di perdere potere e importanza, ha paura che la sua leadership ne risenta. Lo schema prevede che Di Stefano avrebbe preso la parte politica, Iannone la parte comunità, strada, militanti, organizzazione. Gianluca inizialmente non è contrario a priori, poi lo diventa. Dice no per non perdere blasone e potere. Delle quattro teste che occupano la cabina di regia di Cp – Simone, Gianluca, Clemente e Antonini – Iannone vuole continuare a essere il capo. Il gran sacerdote.

Come fantasmi

Ho fatto questa premessa – diciamo politica – perché è necessaria per capire gli Unici. Nella vita di CasaPound ci sono state tante fasi, con vicende e fortune alterne. Ma il tema riguardante le menti esterne, i finanziatori segreti, fa capire molto. Anche della sostanziale inadeguatezza dei nostri dirigenti. Che se fossero stati all'altezza di guidare un movimento che all'inizio e per anni ha anche avuto elementi di originalità e di novità, certo non ci sarebbe stato bisogno di fare campagne acquisti. Campagne acquisti che, per altro, si sono rivelate perlopiù deludenti.

Clemente all'inizio era favorevole alla mozione Di Stefano, cioè alla svolta più politica. E proprio in quell'ottica, da Milano, si mette in moto per creare il club degli Unici. Le città capoluogo – chiamiamole così – sono cinque: Roma, Milano, Firenze, Verona, Torino. Cinque centri di reclutamento non più e soltanto di militanti ma anche di sostenitori economici.

In queste cinque città – le ho sempre sentite definire «strategiche per il movimento» – vengono individuati alcuni soggetti che già ci frequentavano e con cui avevamo contatti avviati. Di cui sapevamo che condividevano l'Idea, le nostre battaglie. Di qualcuno eravamo già informati del fatto che non avrebbe potuto figurare in chiaro, perché lo aveva raccomandato come *conditio sine qua non*; di altri lo sospettavamo; di altri ancora lo abbiamo saputo dopo averci parlato e aver chiuso l'accordo. Con, appunto, la clausola della riservatezza. Ai nomi più vicini a Cp viene dato l'incarico di formare questi circoli, questi club degli Unici. Il progetto prevede cene e riunioni riservate una volta al mese. Occasioni di incontro durante le quali gli Unici potevano interfacciarsi direttamente con Simone Di Stefano, che di CasaPound era il portavoce e il profilo più politico. Nonché volto pubblico e televisivo. Nel mazzo degli Unici entrano professionisti, imprenditori, medici, avvocati, architetti, ingegneri, docenti universitari, giornalisti. C'è una scansione degli incontri, un calendario: periodicamente si organizzano cene, in alcuni casi anche con frequenza ravvicinata. Chi partecipa viene convocato per tempo.

A coordinare i club degli Unici è una donna, la già citata dottoressa di Verona soprannominata Sugar. All'epoca Iannone la riteneva una persona di estrema fiducia. Una professionista anche lei, militante molto attiva di Cp. Diventerà una delle responsabili della sezione di Verona. Poi anche Sugar lascerà. Appena entra nel movimento, dimostra buone doti organizzative e di relazione. Ma essendo donna non può far parte del direttivo o avere incarichi ufficiali. Le affidano però la gestione degli Unici. Un circuito interno riservato. Una specie di corpo nel corpo di Cp di cui gli altri – militanti e simpatizzanti – dovevano rimanere all'oscuro. Era importante che i nomi non trapelassero. A parte qualche eccezione, come il sottoscritto e pochissimi altri, nessun militante, ancora oggi, è a conoscenza di quei nomi.

Dagli incontri mensili nelle varie città – fissati e comunicati tramite puntuali chat interne – venivano fuori idee e proposte. Non roba epocale o rivoluzionaria, intendiamoci, ma un minimo di contributo c'era. Dopodiché gli Unici volevano dire soprattutto una cosa: soldi, finanziamenti. Alle riunioni più che di politica si parlava di lavoro, di affari, di occasioni. Perché la linea del movimento la decidevano sempre i quattro della cabina di regia, con l'ultima parola sempre di Iannone.

I soldi, dicevamo. Ciascuno degli Unici dà cento euro al mese. Se moltiplichiamo per una settantina di persone, fanno settemila euro al mese. Ottantaquattromila euro all'anno. Niente se paragonato ai finanziamenti pubblici dei partiti, ovviamente. Ma per noi erano e sono una base garantita. I soldi raccolti vengono dati alle sezioni, che ci pagano le bollette e possono organizzare iniziative sui territori. La prima volta che gli Unici si sono incontrati fisicamente – tutti – è stata a Grosseto nel 2019: sono stati convocati via chat e hanno partecipato alla tre giorni di Direzione Rivoluzione. È stato curato ogni dettaglio, dagli arrivi agli alloggi. Per loro è stata una specie di assemblea nazionale. C'erano tutti.

Da «Katanga» ai professori universitari

Iniziamo dai romani. Nell'elenco degli Unici della Capitale – come dimostrano diversi documenti interni a Cp – figurano: l'ambasciatore Mario Vattani, detto «Katanga»; l'avvocato Domenico Di Tullio (militante di lungo corso e legale di CasaPound); Gian Piero Joime (docente universitario, allora alla Sapienza, adesso all'Università telematica Guglielmo Marconi, dove insegna Economia dell'ambiente e del territorio presso la facoltà di Scienze economiche); Flavio Nardi, detto «Torrone» (architetto, creatore dell'etichetta discografica di genere Rupe Tarpea Produzioni e storico animatore culturale del mondo non conforme);

Mauro Antonini (imprenditore); Fabio Massimo Frattale Mascioli (ordinario di Ingegneria all'Università La Sapienza di Roma, già responsabile scientifico del Polo per la mobilità sostenibile della Regione Lazio e già presidente del cda di Ecoambiente Latina, smaltimento e trattamento dei rifiuti); Arianna Grandinetti (medico odontoiatra); Manfredi Della Rocca (manager di Humanativa Group); Roberto Lo Dico (anche lui manager immobiliare e alberghiero); il generale dell'Aeronautica Paolo Pappalepore; i medici Andrea Bernardini e Claudio Taglia (oggi in Fratelli d'Italia).

Su Torino ci sono: Carlo Alberto Biggini (nipote dell'omonimo ministro fascista nominato da Mussolini a capo dell'Educazione nazionale nel 1943, incarico nel quale succedette a Giuseppe Bottai); gli avvocati Davide Vaulato, Francesco Dall'Orto e Claudio Berrino; l'architetto Ivano Verra; Diego Tavella e Marco Racca, capo della nostra sezione torinese.

A Verona gli Unici sono l'avvocato Roberto Bussinello (ex militante, oggi nel Progetto nazionale di Puschiavo); i colleghi Arnaldo Sciarretta e Giampaolo Albertini; gli imprenditori Pietro Bendazzoli, Franco Nerozzi (autore del tentato golpe alle isole Comore, nell'oceano Indiano, per il quale ha patteggiato ventidue mesi di condanna), Bruno Giacometti, Diego Dal Cin e Marco Della Bernardina (presidente dei Giovani di Confindustria Verona); l'ingegnere Francesco Pansera; Barbara Lampariello, bancaria; Matteo Destri, avvocato e assessore (Forza Italia) all'edilizia e urbanistica nel comune di Sant'Ambrogio di Valpolicella.

Passiamo a Milano. Negli assetti di CasaPound il capoluogo lombardo è stato, ed è, una città importante. Iannone per un periodo ci si era trasferito. A Milano vive da anni Francesco Polacchi. A Milano è nata, nel 2014, l'alleanza tra Cp e la Lega di Salvini, poi naufragata. A Milano abitano diversi Unici. O comunque risultavano «sotto» Milano. Ecco i nomi: Maurizio Magri, un broker nautico, vive tra Milano, Montecarlo e Dubai; Mauro Melchionda; Giovanni Grieco, medico; gli avvocati Claudio Freschi, Lorenzo Mulazzi, Fabio Moretti e Angelo Cassanelli; il commercialista Andrea Gorgoglione; Francesco Polacchi, di cui abbiamo già abbondantemente parlato; editore come lui è Giacomo Zazzali, che ha una rivista di orologi ed è originario di Piacenza; Angela De Rosa, un nome storico dell'estrema destra milanese, già candidata per Cp come presidente della Regione Lombardia. Poi c'è il gruppetto di giornalisti composto da: Ilaria Pedrali, Paolo Bargiggia e Gianluca Mazzini (Mediaset), e Davide Burchiellaro (per dodici anni vicedirettore di «Marie Claire Italia» e per altri quattordici anni a «Panorama»). Infine, per concludere con Milano, i manager e gli imprenditori: Manfredi Minutelli, responsabile delle relazioni governative e grandi clienti per il Sud Europa del colosso Alibaba (la più grande piattaforma di scambio online del mondo); Luigi De Vita, direttore del centro Porsche, e Luigi Piscitelli; Andrea Host e Luigi Favoloso, come già ricordato, ex fidanzato di Nina Moric.

Favoloso è uno dei nomi di cui si è parlato molto negli ultimi anni, proprio per la sua relazione con l'ex modella croata. La quale, a un certo punto, grazie a lui si avvicina a CasaPound. È andata così: Favoloso era amico di Marco Clemente, faceva parte del suo giro milanese. È sua l'idea di portare Nina Moric. Di Stefano non era assolutamente d'accordo, poiché lei faceva esternazioni estemporanee, di nessuno spessore. Tuttavia sembrava che potesse portare visibilità al movimento in vista delle elezioni del 2018. Il ragionamento era: portiamo un personaggio famoso che faccia parlare di CasaPound. Simone per questa storia è molto imbarazzato: quella volta che hanno partecipato insieme a un programma televisivo, lui a un certo punto è sembrato lì lì per sprofondare dalla vergogna. Al corteo di Roma del giugno 2017, durante la Tana delle Tigri, Moric spunta con la nostra maglietta in testa al corteo, accanto a Di Stefano che le fa da Cicerone. La verità è che Moric non ci porta nessun vantaggio, anzi. Fa perdere credibilità al movimento e, involontariamente, ne appanna l'immagine. Tanto che nel giro di poco lascia e rinnega la sua partecipazione a Cp. Per il sollievo di molti militanti.

Si arriva alla rottura quando Favoloso comincia a fare richieste di natura economica per la presenza della fidanzata. Capisco tutto, ma un movimento politico non è un reality. Non è una roba da cachet. Fai un corteo, fai politica: non fai ospitate. Forse Favoloso e Moric pensavano che CasaPound fosse uno show televisivo: quando hanno iniziato a chiedere soldi, ciao, arrivederci, anzi, buona strada. È inutile aggiungere che far avvicinare Moric è stato un errore tafazziano. Ci si è lasciati convincere da chi sosteneva che un volto mediatico – piacesse o meno Moric, a me non è mai piaciuta – facesse al caso nostro. Per far diventare CasaPound più mediatica, chissà, magari anche più «sexy». Che fa già ridere così.

La città che chiude il cerchio degli Unici è Firenze, un'ex roccaforte rossa dove però, negli ultimi anni, siamo avanzati. I finanziatori del capoluogo toscano sono: la guida turistica Saverio Di Giulio; il tassista Cristian Caglieri; il camerata pistoiese Lorenzo Berti, «presidente apolitico» – parole sue – dell'associazione Vento dell'Est che organizzò un convegno con Aleksandr Dugin, l'ideologo russo punto di riferimento di Vladimir Putin, e che da anni è in rapporti con il Donbass.

Se ripenso alla storia degli Unici, la prima cosa che mi viene in mente è che aveva ragione Iannone quando diceva che le donne devono avere ruoli marginali. Perché tanti problemi – anche per loro – sono nati proprio a causa di una donna: Anna Sugar, la dottoressa veronese.

Sugar, coordinatrice degli Unici, nel 2021 se ne va per screzi interni. Di fatto viene costretta ad andarsene. Si dice, perché ritenuta troppo vicina a Di Stefano. E per questo motivo non più persona di fiducia di Iannone. Sullo sfondo, come succede ormai da tempo, c'è il dualismo tra Gianluca e Simone. Una rivalità sempre più forte. Tanto che, da amici fraterni, i due si allontanano fino a diventare nemici sotto lo stesso tetto.

Il 2021 coincide con l'inizio della fine degli Unici. Con il Covid non ci si poteva più incontrare. Di Stefano non vedeva più una linea politica, le condizioni erano venute meno. A tal punto che Cp, dopo il flop alle elezioni europee del 2019, l'anno successivo decide di non partecipare più alle elezioni. Gli Unici vengono, di fatto, lasciati morire da soli. Tutti tranne il gruppo di Milano, che Iannone trasforma, facendo entrare nel gruppo alcuni militanti appassionati di motociclismo. Risultato: gli Unici diventano la Banda Andersen, sulla falsariga dei motociclisti americani cattivi Hells Angels. Harleysti e chopperisti. Centauri. Dalle riunioni politiche si passa acrobaticamente, e in modo non esattamente glorioso, alle scorribande sulle due ruote e alle abbondanti bevute. Il contributo degli Unici era più che altro economico. Venuto meno quello, chi sostiene le spese? Tante sezioni hanno chiuso. A Milano. A Roma, dove ce n'erano cinque-sei. Quelle sopravvissute, da tre anni si autofinanziano. Eventi, concerti con biglietto d'ingresso. Anche a quelli degli ZetaZeroAlfa. Si organizza la presentazione di qualche libro, molte conferenze, qualche festicciola, ma niente di che.

«Ferlandia»

La stagione degli Unici è stata un periodo strano. Un po' per via di questa segretezza che doveva avvolgere la loro esistenza e il loro ruolo nel movimento. Un po' per via dei personaggi. Per dire, il club degli Unici raccoglieva anche vecchi nostalgici. Non così vecchi da essere reduci ma, appunto, nostalgici che venivano tollerati anche nella loro pochezza. Anche quando facevano i saluti romani, o tiravano fuori inni a Hitler o alla pulizia etnica. Iannone non ha mai voluto vedere e sentire questa paccottiglia. Lui era contrarissimo a tutto il simbolismo esibito. Se vedeva svastiche, sigle SS, Anna Frank, Hitler e tutta quella roba lì, se facevi battute antisemite o razziste in sua presenza, ti arrivava uno schiaffone. Ma se 'ste cose le facevano gli Unici venivano tollerate. In nome del fatto che sborsavano soldi, e dunque servivano.

Per questi loro nostalgismi un po' pacchiani gli Unici venivano soprannominati scherzosamente dai dirigenti – anche in senso dispregiativo – «ferlandia». «È un ferlandia», dicevano. Perché ferlandia? Deriva dal nome del negozio che vende cimeli fascisti a Predappio. Era venuta così, non ricordo se a Iannone o a Di Stefano. E quindi «ferlandia», insomma, era sinonimo di vecchio nostalgico, uno un po' così, un po' macchietta e un po' trombone. Camicia nera, pancia prominente, fez e orbace. Quella roba lì un po' folcloristica. Ecco: gli Unici ci finanziavano, ma i nostri dirigenti – anche con una certa ingratitudine, in fondo – li prendevano in giro, li sdegnavano un po'. Va però detto che qualcuno era ed è veramente pesante. C'erano militanti che, pur non sapendo che queste persone facessero parte del club degli Unici, erano costretti ad ascoltarli: in alcuni casi erano chiacchiere assurde, prive di senso, velleitarie da parte di gente che, forte del fatto che sganciava cento euro al mese, credeva di poter elucubrare e vomitare cazzate e deliri vari. Anche per questo Iannone, dopo averli avallati e creati su input di Clemente, si era subito tirato fuori dal giro degli Unici. Che in effetti hanno confermato lo scetticismo di molti dirigenti. Erano stati raccontati e venduti agli altri capetti come una sorta di gotha. Lì doveva esserci l'intellighenzia, la crème del movimento, i pensatori. La fucina delle linee guida politiche dell'organizzazione, una specie di laboratorio e di forza propulsiva che avrebbe portato alla Vittoria. In realtà nessuno ci credeva, neanche gli stessi dirigenti. Ma pur di racimolare quattro spiccioli, il prezzo da pagare era ascoltare questi pontificatori del nulla.

Mario Vattani era, di fatto, di CasaPound. La sua militanza era intermittente, essendo un console era sempre in giro tra Bruxelles, Shangai, l'Oriente. Da quando, nel 2012, era stato sospeso per la storia del concerto dell'anno precedente con la sua band SottoFasciaSemplice – il live dei saluti romani che anche lui faceva abitualmente –, era diventato più prudente nel frequentarci. Ma la sua band si esibiva regolarmente alla tre giorni di Direzione Rivoluzione. C'era molto orgoglio, tra i dirigenti, per Vattani. L'idea che un console fosse uno dei nostri ci faceva sentire molto fighi. Anche nel suo caso, il ruolo di Unico è confermato da chat e documenti interni. Vattani è figlio di tanto padre, alta, altissima borghesia romana. Politicamente inserito da sempre. Averlo nelle nostre fila era un vanto. La sua parabola veniva seguita con molta attenzione ai piani alti della torre. Anche perché, in qualche modo, dopo il casino del concerto, il suo nome veniva associato a Cp, e questo faceva il nostro gioco. Era una specie di legittimazione, un regalo quasi non cercato che però ci era arrivato. Un gruppo composto, all'inizio, anche da scappati di casa se la faceva con un console, un ambasciatore.

A Katanga (il nome d'arte di Vattani) costarono molto la sospensione e il richiamo in Italia. L'hanno tenuto fermo per un po', ma poi, come tutti i potenti figli di potenti, è ripartito ed è pure stato premiato. Nella torre Vattani ci veniva, eccome. Anche per motivi musicali. Con Iannone hanno in comune, oltre alle idee politiche, la musica. Gravitava nel nostro ambiente. Come anche Alessandro Giuli, che era amico dei capi e frequentava la torre. Oggi è ministro della Cultura, non so se e quanta voglia abbia di ricordare che bazzicava via Napoleone III.

A fronte dei Vattani c'erano poi altri nomi meno noti, ma comunque ben inseriti politicamente. Il già citato Carlo Alberto Biggini vende macchine e bazzica in tutti i partiti della destra. Ricordo una cena che fece a La Spezia, a casa sua, nel luglio del 2018. C'era una delegazione di CasaPound, i sindaci di La Spezia e di Porto Venere, i leghisti Nicola Molteni (sottosegretario al ministero degli Interni) e Giancarlo Giorgetti (oggi ministro dell'Economia, all'epoca capogruppo alla Camera). La cena a casa Biggini era intitolata «Festa dell'estate» ed era dedicata a Gaetano Rasi, ex militante del Movimento sociale italiano e poi deputato di Alleanza nazionale. Il menù? «Sangria storica, cozze, muscoli, gamberoni atlantici, paccheri, picanha. Dolci: le torte di Lia, i biscotti di Ornella. Vini rosé, rossi, bianchi...», come riportano ancora gli inviti recapitati agli Unici.

Le cene erano il momento in cui gli Unici si esprimevano al meglio, perché il gruppo era composto perlopiù da presenzialisti e lobbisti, alcuni decisamente mondani. Cosa c'entrassero con noi devo ancora capirlo. La cosa buffa è che gli incontri degli Unici non avvenivano nella torre, dove pure avrebbero potuto contare su uffici riservati e comode sale, ma – guarda un po' – nelle due trattorie di proprietà dell'ex moglie di Iannone. In questo modo gli Unici, oltre che finanziare il movimento con il contributo mensile, finanziavano anche i due ristoranti. I soldi finivano in casa.

Camicette brune

Quote (quasi) rosa

Le donne in CasaPound hanno sempre avuto un ruolo minore e un percorso altalenante. All'inizio sembrava fossero una colonna portante, come succedeva ai tempi del fascismo, anche se – all'esterno – Mussolini non voleva dare loro visibilità. Da noi le donne sono state, essenzialmente, le donne dei capi. Uso il verbo al passato perché poi, con le fuoriuscite e con altre vicende, tutto è cambiato. All'inizio c'erano Maria Bambina Crognale (ex moglie di Iannone), sua sorella gemella Marta (moglie di Cerino Sebastianelli), Debora (moglie di Simone Di Stefano), sua sorella Sara; e poi la maestra Stefania. Maria Bambina, Marta, Debora e Stefania si dividevano i compiti. Le donne davano il loro apporto soprattutto nella gestione e nell'organizzazione della torre. Insomma: mandavano avanti la baracca facendo le «donne di casa». Poi c'è stata un'involuzione: hanno iniziato a essere relegate a ruoli marginali, compiti minimi, mera burocrazia.

Nessuna di loro è mai stata ammessa nel direttivo nazionale di CasaPound. Nemmeno nelle sezioni, dove le donne hanno sempre avuto ruoli marginali. Siamo un'organizzazione maschiocentrica e maschilista, come tutti i gruppi della destra radicale. Ma c'è stata una stagione dove sembrava che le donne fossero improvvisamente necessarie. Dal 2015 fino, diciamo, alle elezioni del 2018 c'è stato bisogno di inserire le famose «quote rosa». Facendo finta di non farlo. È andata così: pubblicamente le quote rosa le snobbavamo, per la serie le donne non ne hanno bisogno perché sanno fare come e più dei maschi; nel frattempo, però, ci siamo dovuti adattare a metterle in lista. In modo quasi algebrico. Bilanciando candidati maschi e candidate femmine. Pescando nel nostro bacino, quello della comunità, tra militanti e simpatizzanti. È a quel punto che le donne hanno iniziato a frequentare le sezioni. Anche grazie, bisogna dire, ad alcuni leader locali e nazionali piuttosto sensibili al fascino femminile.

Risultato: a Cp si avvicinano tante ragazze, simpatizzanti che poi diventano militanti. Effetto dell'esposizione mediatica, della visibilità che ci aveva resi «di tendenza». Fascisti attraenti. CasaPound andava in tv, era stata quasi sdoganata mediaticamente, il mainstream a un certo punto aveva accettato di farci parlare e di confrontarsi con noi. Queste dinamiche hanno fatto sì che, dopo anni e anni di puro maschilismo fascista, all'interno del movimento si creassero vere e proprie correnti femminili. Sostenute in primis dal gran capo Iannone. Nasce da lui l'idea del libro *Le donne di CasaPound*. Libro che non è mai uscito. Perché, come tanti altri progetti di Cp, nonostante fosse stato pensato con entusiasmo, non è mai stato portato a termine.

Gianluca Iannone era convinto che, in vista delle elezioni del 2018, dare più peso e importanza alle donne potesse smarcarci dall'idea che i fascisti non le considerassero e le tagliassero fuori da tutto. Ma va detto che da lì si è andati oltre: nel senso che aver dato un peso eccessivo alla componente femminile ha portato a qualche problema. La storia di Elena di Troia insegna.

Nella diaspora interna di CasaPound e nell'uscita di capi e militanti gioca un ruolo non secondario una donna. Che diventa una specie di capro espiatorio. Sempre lei, la veronese Sugar, che nel 2010, quando si avvicina a Cp, ha trent'anni. All'epoca, la sezione scaligera era guidata da Marcello Ruffo, suo amico. «Marcellino», come lo chiamavano i militanti veronesi, era visto come la gemma del futuro fascismo. Portato in palmo di mano anche da Rainaldo Graziani – il già citato figlio del leader di Ordine Nuovo Clemente Graziani e fondatore di Meridiano Zero, prima di dare di nuovo vita al Centro Studi Ordine Nuovo –, Ruffo mette in piedi la sezione di CasaPound Verona, diventa anche consigliere di circoscrizione e fonda il Cutty Sark 2. All'epoca Marcellino era vicino a Lorenzo Fontana – l'attuale presidente della Camera dei deputati – e all'ex parlamentare leghista Vito Comencini. Ruffo viene fatto fuori dal direttivo nazionale di Cp per dissidi interni: si era ribellato, forse si era stancato dell'organizzazione. Con la sua uscita, la sezione scaligera resta scoperta o gestita da ragazzini. Ed è in quello spazio che si infila Sugar: si fa strada, comincia a organizzare e a gestire la sezione con pugno duro. Anche se formalmente il capo era Luca Travaglia, detto «il Tosco», a tirare le redini è lei.

Una donna, dunque. A capo di una sezione importante nella geografia del movimento. In una città tradizionalmente di destra e, da anni, nostro laboratorio. Perché a Verona l'estrema destra ha sempre avuto un particolare appeal, e con le varie amministrazioni di area c'è sempre stata una sinergia. Sotto la guida del tandem Sugar-Tosco, a Verona torniamo velocemente in auge: nasce la nuova sede chiamata Il Mastino, che va a sostituire il Cutty Sark di Ruffo, una delle prime sezioni fiore all'occhiello d'Italia, con pub annesso. La sezione, però, viene chiusa ingloriosamente dopo che un commando di Forza Nuova distrugge il locale e malmena i presenti. Nonostante lo smacco, il direttivo romano non prende posizione e non organizza nessuna azione per vendicare quell'oltraggio. Da Roma lasciano correre la cosa. Il che è considerato dai veronesi come uno sgarbo. A quel punto i rapporti con la Capitale si inaspriscono fino a quando, come spesso accade in Cp, scatta il classico schema: stelle-stalle-oblio e *damnatio memoriae*. Ruffo viene cacciato via con disonore.

Si apre dunque una fase interessante per spiegare le donne di CasaPound. Sugar e Tosco rilanciano la sezione di Verona, dividendosi i compiti. Lui si occupa della militanza di strada, lei di organizzare e programmare le cose, oltre che dei finanziamenti. Nel giro di qualche anno Verona torna a essere una sezione modello e una comunità dalla quale prendere esempio. E Sugar si guadagna la fiducia della direzione nazionale: le vengono affidati ruoli importanti come, appunto, quello di coordinamento degli Unici. Inoltre Iannone le dà carta bianca per organizzare la tre giorni di Direzione Rivoluzione a Verona, nel 2019.

L'ascesa di Sugar all'interno del movimento la porta a gestire l'agenda politica del segretario Simone Di Stefano, creando tra i due una vicinanza che si trasforma presto in un rapporto molto stretto, fonte di preoccupazione per il direttivo e per lo stesso Iannone. Il gran capo di Cp sente che sta perdendo potere e vede l'asse Sugar-Di Stefano come una minaccia per la sua leadership.

A riprova del rapporto complesso che ha con le donne, va detto che Iannone all'inizio era felicissimo di quella unione. Poi, probabilmente sobillato da gelosie interne e infastidito dal fatto che una donna potesse avere così tanto potere interno, comincia la campagna denigratoria nei confronti di Sugar. La quale prima si autoesclude dalla sezione di Verona, poi lascia la direzione degli Unici. Infine, stanca di queste dinamiche, se ne va. Anche lei lascia l'organizzazione.

Questa rottura segna l'inizio del declino di CasaPound. Già prima, con la débâcle alle elezioni europee, l'incertezza e il continuo cambio di posizione sul futuro del movimento avevano portato a nuovi problemi. Le continue incomprensioni tra Iannone e Di Stefano, come quelle nel resto del direttivo, avranno come esito finale l'uscita di Simone.

Lady Ostia

Un'altra donna di peso di Cp è stata Carlotta Chiaraluce, ex moglie dell'attuale portavoce Luca Marsella. È stata, nel senso che poi se n'è andata anche lei. Chiaraluce viene da una buona famiglia di Ostia, imprenditori nel settore degli stabilimenti balneari. Ex compagna del ras neofascista

– ex Forza Nuova – Giuliano Castellino, che ha lasciato per Luca Marsella, Carlotta entra da militante, ma inizia da subito a farsi largo nel movimento. Cresce, ha piglio e autorevolezza. È stimata. Arriva a guadagnarsi il soprannome di «Lady preferenze» per i voti presi alle elezioni comunali a Ostia. Quando sposa Marsella, lui inizia a brillare di luce riflessa. Carlotta è una tipa dinamica, intelligente, con anche una certa disponibilità economica, che in politica aiuta. È stata lei, per anni, a finanziare la sezione di Cp di Ostia. All'inizio la coppia è felice, ha un buon equilibrio. Carlotta e Luca funzionano nella vita e anche nella militanza politica. Marsella ha un suo momento di gloria quando, dopo l'uscita di Simone Di Stefano, diventa il nostro nuovo portavoce. Ma, come già detto, ha sempre sofferto molto il confronto con il suo predecessore. Aveva nei suoi confronti un complesso di inferiorità. Dialettico e politico.

Il matrimonio tra Chiaraluce e Marsella frana in modo rocambolesco nel 2022 e la rottura fa molto rumore. I vertici, in prima battuta, prendono una posizione equidistante. In genere, le faide sentimentali nel movimento sono sempre state mal viste. Ma, data la mancanza di volti spendibili, dopo la separazione tra i due, Marsella continua a fare il portavoce e Chiaraluce a gestire la sezione di Ostia. Dalla quale estromette l'ex marito.

C'è un episodio da raccontare. Durante un incontro in sezione, Marsella tenta di picchiare Chiaraluce. Lei risponde e lo mena. Mesi prima Marsella le aveva prese da Davide Di Stefano per altri motivi. Nel codice non scritto di Cp, picchiare una donna è ritenuto un comportamento indegno e inaccettabile. Da punire. Ma nel caso di Marsella, il direttivo, anziché sanzionare il portavoce violento, insabbia tutto e porta Carlotta a chiudere la sezione di Ostia e a interrompere i suoi rapporti con CasaPound. Risultato: Chiaraluce se ne va. Prima che succedessero questi casini, è stata candidata da Gianluigi Paragone in ItalExit, con esiti deludenti. Per lei e per il neonato movimento.

Fascio e Onlyfans

Donne. Donne nere. Donne tenute nelle retrovie che però, alla lunga, hanno saputo farsi largo, prendersi spazi. Quasi sempre perché stanno al fianco dei capi. Tra le storie delle militanti di Cp ce ne sono alcune che possono sembrare incredibili. Eppure sono tristemente vere. Per il movimento sono state degli inciampi. Anche se non sono mai uscite all'esterno, negli ambienti del neofascismo sono girate, se ne è parlato, e non ci hanno fatto fare bella figura.

La storia più curiosa è quella di Francesca Romana Cristicini. Cinquant'anni, romana, entra nella sezione di Magliana insieme al marito. Arrivano in coppia. Lei si presenta così: dottoressa in farmacia e giornalista. Racconta di avere un passato rosso, abbastanza generico. Ha un tatuaggio di Che Guevara sulla spalla, veste in modo stravagante: grandi anfibi con gli zatteroni, seno prosperoso in bella vista, labbra e zigomi gonfiati, truccata e acconciata in modo teatrale. Nel giro di poco tempo si ricopre di tatuaggi di rune celtiche inneggianti al nazismo e cerca di sgomitare. Frequenta la sede pur non essendo una militante. Appare, da subito, una seduttrice. La sua procacità esibita attira molti. Lei cerca di guadagnarsi le simpatie di capi e capetti, ma senza troppo successo. Allora segue un'altra strada. Entra in Fons Perennis, un'associazione costola di Cp nata a Roma ma con il suo centro a Maccarese, una sorta di gruppo pagano, esoterico. E come per miracolo si dichiara improvvisamente pagana anche Cristicini, che si ricicla come grande esperta delle ritualistiche di Fons e delle tradizioni romane.

Questi studi in realtà sono una postura: perché Francesca Romana, alla fine, va più sul pratico. Per dire, si rende disponibile a pulire la sezione di Cp di Maccarese. Tutto questo, ovviamente, mentre continua a ripetere di essere una giornalista. Però, chissà perché, il suo nome non compare in nessun Ordine della categoria, né in quello dei farmacisti. Ma lei se ne frega: tira dritto e comincia a fare la «reporter d'assalto». Va alle manifestazioni e ai cortei, realizza video, li posta in rete, prova a far parlare di sé, a muovere un po' le acque. Nel gennaio 2022, durante degli scontri con i compagni e con la polizia, viene ferita superficialmente a un dito. Con il sangue si imbratta la faccia e si filma in alcuni video sostenendo di essere stata aggredita e malmenata. Millanta un'aggressione inesistente. Ma i suoi racconti esagerati, al limite della mitomania, sono troppo anche per la dirigenza, che sull'esuberanza di Francesca Romana aveva sempre chiuso più di un occhio. La linea di Cp, come quella di tutti i gruppi neofascisti, è sempre stata questa: negli scontri le dai e le prendi. Se le prendi, te le tieni e stai zitto.

Fin qui siamo più o meno nei limiti di quella che si può definire la vicenda di una simpatizzante/militante un po' sopra le righe, ma niente di più. Il bello, diciamo così, arriva quando si scopre che Francesca Romana custodisce dei segreti imbarazzanti. Oltre a (non) essere farmacista e giornalista, ha una pagina su Onlyfans che non lascia nulla all'immaginazione. Fotografie di nudo esplicite, sextoy, video di sesso col marito a volto scoperto. Nelle immagini pornografiche condivise in rete sono entrambi riconoscibilissimi. Com'era prevedibile, i video e le foto hard di Francesca Romana iniziano a girare nelle chat di tutte le comunità di Cp, creando curiosità e battute di bassissima lega, e provocando disagio in primis per Fons Perennis, poi ovviamente anche per tutti i capi e capetti di Cp che si erano interfacciati con lei e le avevano dato credito. Cristicini diventa la «camerata Onlyfans». Su questa storia ci prendono per il culo per mesi. Voi, i fascisti del terzo millennio: Dio, patria, famiglia e Onlyfans.

Violetta Beauregarde

Tra le donne chiave dell'organizzazione c'è Cristina Gauri, classe 1977, bergamasca, cresciuta ai piedi della Val Brembana, come scrive nella biografia che accompagna i suoi pezzi su «Il Primato Nazionale». È una giornalista pubblicista e il suo avvicinamento a Cp avviene appunto attraverso la nostra testata. Gauri ha un passato piuttosto movimentato: lei – in modo conciso e criptico – si limita a dire che è stata una musicista elettronica e che ha trascorso metà della sua vita a fare cazzate negli ambienti malsani delle sottoculture, «vera scuola di vita da cui», sempre dalla sua bio, «è uscita con la consapevolezza che guarire dall'egemonia culturale della sinistra, soprattutto in ambito giovanile, è un dovere morale». Altri dettagli li omette: è stata la prima *suicide girl* italiana con il nome di Aiki. *SuicideGirls* è un sito web che propone profili e foto di ragazze in stile punk – non proprio una tendenza affine a CasaPound. Ma la cosa più bizzarra – almeno per una camerata che si professa dura e pura – è che Gauri ha partecipato a un film porno con il nome d'arte di «Violetta Beauregarde».

Particolare ancora più curioso: in un numero de «Il Primato Nazionale» datato febbraio 2024, la giornalista-militante pubblica «un'inchiesta-analisi sociologica» su Onlyfans, ovvero la piattaforma – parole sue – «incensata ed elogiata dal progressismo radical chic». L'ex pornoattrice Gauri bacchetta il successo di Onlyfans definendolo un «Eldorado digitale incensato dal mainstream», un posto dove «migliaia di ragazze si sono arricchite enormemente vendendosi sul web». E si chiede se queste ragazze, sul lungo periodo, «paghino psicologicamente per la loro attività». Per comodità Gauri avrebbe potuto intervistare Francesca Romana Cristicini.

L'aspetto interessante della storia di Gauri è che, a differenza di Cristicini, è stata graziata dai vertici. Il suo passato le è stato condonato. Merito delle buone entrature: Gauri si è fidanzata con Valerio Benedetti, firma de «Il Primato Nazionale», ed è finita sotto l'ala protettrice dell'editore di Altaforte Francesco Polacchi. Che l'ha blindata, evitandole sanzioni o allontanamenti.

La pasionaria delle fake

In CasaPound le donne sono meteore. Un'altra è stata Francesca Totolo. Originaria di Domodossola, quarantasette anni, tenta la strada del giornalismo senza essere mai riuscita a iscriversi all'Ordine. Compare in Cp nel 2018 e fa richiesta di poter seguire la tre giorni di Direzione Rivoluzione a Grosseto. I vertici ritengono che Totolo possa avere un profilo abbastanza interessante, perché in quel periodo aveva avuto un minimo di visibilità social con il videoblogger e opinionista sovranista Luca Donadel. Così la richiesta di seguire da cronista la tre giorni di Grosseto viene accettata dal direttivo.

Totolo vuole realizzare un racconto da pubblicare sui suoi canali social e si fa chiamare «la Dama»... In poco tempo si infervora, fa propri tutti i princìpi del fascismo e si improvvisa nelle vesti della pasionaria nera. In Cp trova una discreta accoglienza. A quei tempi non ha né un marito, né un fidanzato, né figli. E nemmeno un lavoro stabile. Perciò si rende subito molto disponibile, anche a lavorare gratis per «Il Primato Nazionale». La collaborazione gratuita prosegue per un po', poi Totolo comincia a scrivere libri dal sapore nazionalista e sovranista per Altaforte, professandosi paladina femminile della destra radicale extraparlamentare. E cerca di fidanzarsi con qualcuno, possibilmente di alto grado. Il primo tentativo è con Polacchi, ma non va a buon fine. Il secondo grande amore non corrisposto è Davide Di Stefano, ma la donna non demorde. Ha un flirt con «Andreone», un militante di Fons Perennis, tuttavia anche in questo caso la storia finisce in breve tempo, tra scenate e litigi. Fino a quando, finalmente, la militante e aspirante giornalista riesce a fare breccia nel cuore di uno dei fratelli Giombini, Gianlucone. Totolo progetta di andare a vivere nella torre con lui, che però sul più bello si tira indietro. Anche perché all'epoca Gianluca viveva ancora con la madre nel palazzo occupato. Tuttavia l'irruenza e l'esuberanza della fidanzata sembrano avere la meglio, ma sta di fatto che anche questa storia naufraga. Così come cessa la sua collaborazione con «Il Primato Nazionale».

Totolo a quel punto si scatena sui social network, in particolare su Twitter. Incontinente e grafomane, non passa giorno che non cerchi di ingaggiare duelli social con progressisti e antifascisti. La sua è una crociata sterile contro la sinistra: le sue intemerate xenofobe, razziste e gonfie di livore cadono quasi sempre nel vuoto. Molti, per senso della vergogna e forse anche per una certa frustrazione, lascerebbero perdere, la pianterebbero. Lei, invece, va avanti indefessa: cerca di mettersi in scia a chiunque abbia un minimo di visibilità e un discreto seguito di follower, polemizza su qualunque cosa, provoca nella speranza di stimolare una reazione. Che non arriva quasi mai. Cerca di accreditarsi ancora come una amazzone nera che fronteggia gli antifascisti e i progressisti.

Di Totolo, in Cp, si dice soprattutto una cosa: sta sempre dove la bandiera sembra tirare più forte, cambiando posizionamento in base alle gerarchie del momento. Una delle tante «banderuole» di cui, purtroppo, il movimento è pieno. In più, ha cercato di entrare nelle grazie di Iannone, forse anche con secondi fini, riportandogli pettegolezzi e chiacchiere sul movimento. Roba che non ha quasi mai avuto un riscontro reale.

I rapporti tra Cp, Giorgia Meloni e Fratelli d'Italia

Radici

Non è vero che Giorgia Meloni non ha mai avuto rapporti con CasaPound. Li ha avuti con molti esponenti del movimento, fin da giovane. Il fatto che alla militanza in Cp la premier abbia preferito, dopo la palestra e la formazione nel Fronte della Gioventù, fare la trafila istituzionale nei partiti parlamentari, Msi e An, con ruoli apicali e dirigenziali in Azione giovani, fino a diventare ministro e poi premier, non vuol dire che la sua parabola politica non abbia mai incrociato la nostra. Cosa che, al contrario, è successa.

Per comodità potremmo dividere tra i rapporti, diciamo, personali – in un paio di casi anche sentimentali – e quelli politici. Nella prima categoria rientrano i nomi di Alessandro Manolo Giombini – uno dei cinque incursori che hanno preso la torre e che vive tutt'ora nel palazzo occupato – e di Alessio Tarani, capo di CasaPound Padova, di cui è anche responsabile provinciale. Meloni è stata legata a entrambi, negli anni di gioventù. Così come, è già stato raccontato, fu molto vicina ai fratelli Marcello e Renato De Angelis – il primo ex terrorista di Terza posizione, cognato di Luigi Ciavardini dei Nar; il secondo fidanzato per anni con l'attuale premier.

Sia Giombini che Tarani hanno un percorso da militanti nell'estrema destra e non hanno mai abbandonato le loro comunità per tentare la scalata in altri partiti di area. Giombini lavora nel mondo delle produzioni cinematografiche: allestisce i set. Oggi, dopo essere stato per anni molto vicino al suo vecchio amico Simone Di Stefano, è considerato un fedelissimo di Gianluca Iannone. Tarani è uno dei punti di riferimento dell'ultradestra veneta e padovana, al centro di numerose vicende di cronaca, tra aggressioni subìte, manifestazioni dov'è sempre in prima linea e un post che fece clamore: dopo la già citata aggressione da parte di Roberto Spada a Daniele Piervincenzi, postò un apologetico «10, 100, 1000 Spada!».

Poi ci sono le relazioni politiche. Una è certamente quella con Simone Di Stefano. Tra lui e Meloni c'è un rapporto di antica data. È Di Stefano, come già ricordato, che accoglie la giovane Giorgia nel 1992 nella sezione del Msi della Garbatella a Roma (poi, a Colle Oppio, la strada della futura premier si incrocerà con quella di Marcello De Angelis). Erano anni in cui per le ragazze non era facile fare militanza nell'estrema destra. Meloni e Di Stefano erano amici e camerati, facevano attività, attacchinaggio, volantinaggio, cortei. Le loro traiettorie politiche sono corse parallele fino alla svolta di Fiuggi, quando Meloni decide di stare in An, mentre Di Stefano non segue la scia di Fini. Anche se formalmente Alleanza nazionale e poi Fratelli d'Italia hanno sempre marcato una distanza da Cp, è innegabile – oltre alla condivisione di molti ideali, alle celebrazioni dei camerati caduti, ai terreni di contiguità – che la destra istituzionale abbia sempre guardato a noi con un certo interesse. Un interesse dettato ovviamente anche dall'opportunismo politico. Il fatto che FdI non possa definirsi un partito neofascista ha spinto molti suoi autorevoli esponenti ad avere un atteggiamento benevolo, o comunque di non ostilità, nei nostri confronti. In fondo, siamo tutti camerati. La radice, la «matrice», come dicono i rossi, è quella.

Offerte

Per opportunismo politico Fratelli d'Italia ha dissimulato questa acquiescenza verso CasaPound con alcuni formali, quanto improbabili, smarcamenti. Su Acca Larentia, soprattutto. Eppure, come è noto, è grazie ai 30.000 euro stanziati dalla Fondazione Alleanza nazionale – la cassaforte di FdI – che ci siamo presi quella vecchia sezione del Movimento sociale italiano dove ogni anno commemoriamo i tre camerati caduti. Se di facciata il partito prende le distanze da noi, nei fatti, e sottotraccia, i contatti ci sono e ci sono sempre stati. Non solo con gli esponenti romani, non solo con i big (l'attuale presidente del Senato e seconda carica dello Stato Ignazio La Russa nel 2019 è stato ospite della nostra festa a Verona, e anche il sottosegretario alla Giustizia Andrea Delmastro). Contatti ci sono stati anche con la stessa Meloni. Che sebbene oggi sia lontanissima dalla nostra orbita, in almeno un paio di occasioni – in passato – ha guardato a Cp per cercare di capire se ci fossero le condizioni per creare dei rapporti, delle interlocuzioni.

Da anni Marco Clemente ha legami personali e di amicizia con esponenti di Fratelli d'Italia, che prima erano in An, stavano con il Popolo delle Libertà. E sono soprattutto politici milanesi: da Ignazio La Russa a Carlo Fidanza, da Paola Frassinetti a Daniela Santanchè, solo per fare alcuni nomi. Non stiamo parlando di consiglieri circoscrizionali. Clemente, quando FdI ha iniziato a crescere, stava molto dietro a Meloni, un po' per curare rapporti suoi, ma anche per conto di CasaPound. Alle elezioni politiche del 2013 – quando FdI prende quasi il due per cento e passa solo perché è in coalizione con il centrodestra – cominciano i primi contatti tra noi e i colonnelli meloniani. Il pontiere è sempre Clemente. Sullo sfondo l'ipotesi – mai esplicitata ufficialmente da nessuno – di far confluire Cp in Fratelli d'Italia. Ma Iannone dice no: «Eventualmente siamo noi che inglobiamo lei» sbotta una sera, con la sua classica esuberanza romana un po' spaccona. Quello è stato, se possiamo chiamarlo così, un primo approccio, non andato a buon fine, anzi. E forse è stato anche un bene. Perché andando avanti da soli ci siamo rafforzati, siamo cresciuti.

Il gran rifiuto

Dopo le elezioni politiche del 2018 – dove CasaPound, correndo da sola, prende l'uno per cento (non superiamo la soglia di sbarramento, ma è un buon risultato) – dagli ambienti di FdI iniziano a guardare a noi con più curiosità. E ci fanno capire che il nostro consenso fa comunque gola. Siamo camerati, siamo identitari, siamo giovani e piacciamo ai giovani. Allora era così.

Dai piani alti di FdI arrivano velate «manifestazioni di interesse». Ci sono degli abboccamenti, ma niente di che. L'anno dopo, però, facciamo molto male alle elezioni europee (0,33 per cento). Un tonfo dopo il quale decidiamo che non parteciperemo più a nessuna tornata elettorale. Meloni, al contrario, vede che il suo partito è in forte crescita. Nel nostro ambiente circolano voci di caute manovre di avvicinamento. In particolare, ne gira con insistenza una – mai confermata – secondo la quale Giorgia Meloni avrebbe incontrato Clemente e Antonini nella saletta riservata di un hotel in zona Eur. Qualcuno si spinge ad aggiungere altri elementi, che non hanno mai avuto ufficialità ma che nei corridoi della torre circolano, secondo i quali da parte dell'entourage della futura presidente del Consiglio arriva una proposta informale che si potrebbe riassumere più o meno così: ok, le cose per voi non sono andate bene, però valete ancora qualcosa, soprattutto qui nel Lazio. Avete un seguito.

Da FdI – che tre anni dopo sarebbe diventato il primo partito di governo – sarebbe giunto alle orecchie dei vertici di Cp un invito, diciamo, non vincolante: se avessimo fatto confluire i nostri voti sul partito, in cambio avremmo avuto la possibilità di candidare alcuni dei nostri da qualche parte. O magari di vederli piazzati in qualche azienda partecipata del Lazio. Ma attenzione: non nomi noti, solo gente di seconda, terza o addirittura quarta fila, figure che non diano troppo nell'occhio, per motivi di opportunità. Si può facilmente immaginare che, per Meloni&Co., ingaggiare e mettere il cappello del partito sui nostri capi avrebbe procurato problemi, per via della nostra dichiarata identità neofascista. Ecco perché, in caso, la presunta partita avrebbe coinvolto solo personalità marginali. E se i rapporti di partnership fossero andati a buon fine, ci sarebbe stata una gradualità, in questo senso: una volta ripulito un po' il nome di CasaPound, a quel punto anche i big come Simone Di Stefano avrebbero potuto – più avanti – entrare, perché no?, in Fratelli d'Italia.

Ci riferirono che i contenuti di questo presunto e mai confermato incontro Meloni-Clemente-Antonini sarebbero stati portati ai piani alti. E che furono discussi dallo stesso Clemente con Iannone e Di Stefano. Secondo una ricostruzione informale fatta dai nostri dirigenti, Clemente sarebbe stato propenso a dire di sì, mentre Iannone, ancora una volta, con totale mancanza di umiltà e anche di senso della realtà, avrebbe opposto un fermo no. Il motivo? Il nostro orgogliosissimo padre padrone avrebbe ribadito nuovamente che doveva essere Meloni, semmai, a unirsi a noi. Leggenda vuole che Gianluca avrebbe usato un'espressione triviale romana che rende l'idea e fa capire anche chi è, Iannone: «Siamo noi che dobbiamo appoggiarje er cazzo sulla spalla…». Ma si può? A una che tre anni dopo sarebbe diventata premier.

Che successe a quel punto? Nel nostro ambiente le voci circolavano, erano retroscena anche gustosi. Secondo alcuni Meloni, per provare ad andare avanti con questa specie di supposta «trattativa» – certo non decisiva per le sorti di FdI, ma nemmeno di nessun conto –, si sarebbe incontrata con il suo vecchio amico e camerata Simone Di Stefano. In un bar della Garbatella, il quartiere da dove provengono entrambi e dove hanno iniziato la loro attività di militanti politici. Stando alle indiscrezioni di alcuni dei nostri – su questo punto ho ascoltato diverse voci –, Meloni avrebbe chiesto a Di Stefano quali orizzonti politici vedeva davanti a sé. Se si sentisse ancora legato a CasaPound o no. La leader di FdI voleva capire se da parte di Di Stefano ci sarebbe stata la disponibilità magari a mollare Cp e a entrare nel partito, dove per lui, ma solo per lui, si sarebbe potuto liberare uno spazio. Poi magari, chissà, una volta trasmigrato Di Stefano, si sarebbero liberate altre caselle nel partito, che nel frattempo sarebbe diventato un partitone.

Di fronte al ragionamento condiviso da Meloni ci raccontarono che Di Stefano rifiutò dicendo: o tutti o nessuno. Ecco, con quel rifiuto – se davvero ci fu, come si dice – per Cp venne meno anche l'ultima possibilità di infiltrare Fratelli d'Italia. Di Stefano dimostrò coerenza e lealtà. Non era in cerca di poltrone e non voleva avere potere o fare carriera a prescindere. Era rimasto fedele al movimento e, pur tra mille errori anche di valutazione, legava il suo destino politico a quello di CasaPound. Almeno in quel momento. Quel presunto incontro con la vecchia camerata del Fronte della Gioventù e del Movimento sociale italiano della sezione suonerebbe come una conferma.

Il resto è storia. Falliti i tentativi di inglobare Cp – o almeno il suo esponente di punta, l'uomo più mediatico e più politico –, FdI si è sostanzialmente disinteressato a noi. Non c'è nessuna ostilità, nessuno di loro ha fiatato o fiata quando l'ipotesi di un nostro scioglimento, o del più volte invocato (da sinistra) sgombero della torre, torna di attualità nel dibattito pubblico. Ma non arrivano nemmeno attestati di stima o vicinanza. Forse potevamo servire e far comodo alla causa quando FdI era al sei per cento e noi all'uno. Dopo no.

Tanti di noi su scala locale – non solo romana – hanno rapporti con il partito meloniano. Qualche candidato eletto in alcuni consigli comunali proviene da CasaPound. Ma sono casi sporadici, rondini che non fanno una primavera. Una cosa però è certa: Fratelli d'Italia è un partito pieno di fascisti. Fascisti come noi. La differenza è che noi dichiariamo di esserlo e continueremo a farlo, mentre loro non possono dirlo, e quando a qualcuno scivola il piede sulla frizione sono problemi. Si sono rivenduti come conservatori e qualcuno persino come moderato. A partire da Giorgia Meloni. Tra noi militanti, quando leggiamo e sentiamo dire dai suoi e da tanti opinionisti che la premier è una conservatrice moderata, ci facciamo delle grandi risate. Noi che conosciamo la sua storia, non solo politica, sappiamo bene chi è Giorgia Meloni.

Miles, riti pagani e campi di addestramento

Il decalogo (in 15 punti)

Il *Miles* è la prima cosa che ti fanno imparare quando diventi un militante di CasaPound. È la nostra Bibbia, il libro sacro del movimento. «Stampato nel cuore e stampato nel cervello», ti dicono prima di consegnartelo.

Il *Miles* è un decalogo: sono le quindici regole dell'organizzazione. Quelle che devono ispirare e determinare la militanza. È stato scritto da Simone Di Stefano perché si era deciso che la comunità doveva vivere in base a regole ben precise. È nato quasi contemporaneamente al nostro statuto. Che poi gli statuti sono due: ce n'è uno di CasaPound, che risale a vent'anni fa, e un altro di CasaPound Italia, depositato da un notaio e posseduto da una sola persona, Cerino Sebastianelli.

Il *Miles* è una summa della militanza in Cp. Sono le norme che devi rispettare nella tua vita che, essendo la vita di un militante, diventa come la vita di un soldato: di un *miles* appunto.

In teoria non ci possono essere deroghe, pena l'espulsione dal movimento. Sono come le norme di una setta. Ma anche qui va detto che in vent'anni ci sono state decine di casi di regole infrante, anche clamorosamente, senza che nessuno abbia preso provvedimenti punitivi. Perché anche per quanto riguarda il *Miles*, c'è violazione e violazione. Dipende da chi vìola. L'ennesima prova di una gestione personalistica, oligarchica, dell'organizzazione. Un virus che ha portato a una deriva rovinosa.

Il *Miles* è un mix di rigore, disciplina e ordine militare, di etica fascista e suggestioni epiche, la prima delle quali è quella della Vittoria. Ma ci sono anche dettami più pratici, di vita ordinaria all'interno della comunità. Se dovessimo guardare a come la maggior parte dei militanti conducono la loro vita si potrebbe dire che in molti casi il *Miles* resta lettera morta. O comunque un decalogo in parte e troppo spesso disatteso, tradito. Negli anni le infrazioni e il mancato rispetto del *Miles* sono diventate, a loro volta, una regola. Di questo i capi sono al corrente, ma evidentemente, mano a mano che si è sfilacciata la struttura del movimento e che l'Idea si è contaminata per colpa della gestione irresponsabile di qualcuno, era inevitabile che saltassero anche le regole scritte. Eccole, le quindici regole del *Miles*.

1. TU DEVI CREDERE

Tu devi credere nella Vittoria. Tu devi sapere che il tuo sacrificio è teso a cambiare la storia. Non sei venuto fra noi per passare il tempo, né tantomeno per essere un giovane ribelle che si tramuterà in un vecchio decadente reazionario. Tu sei con noi per determinare la tua vita e quella del tuo popolo. Questo devi credere.

2. NON SARAI MAI STANCO

Tu non hai diritto di essere stanco. Se oggi tu puoi combattere e puoi fare riferimento a un ideale così puro è grazie al sacrificio di uomini e donne che non hanno voluto sentire stanchezza. Uomini e donne che hanno vinto paura, sonno, fame, freddo e caldo. Tu sei il loro sogno, tu sei il loro ultimo pensiero davanti al plotone di esecuzione. Tu non hai diritto di deluderli con la tua borghese stanchezza. Sii DEGNO.

3. GIUDICA ESCLUSIVAMENTE TE STESSO

Se proprio non puoi fare a meno di esprimere giudizi, giudica esclusivamente te stesso. «Il mio è vero sacrificio? Sto donando tutto me stesso? Sono leale nei confronti dei miei camerati? Tengo alto l'onore dei caduti?» Non giudicare mai l'impegno di un tuo camerata. Non giudicare mai un gruppo politico che faccia riferimento ai tuoi stessi caduti.

4. SII ESEMPIO

Esiste una gerarchia anche se non è scritta e nessuno di noi porta i gradi sulla spalla. Questa gerarchia non è immutabile poiché si basa sulla spiritualità e il sacrificio. Qualcuno (anche al di fuori del tuo gruppo di appartenenza) guarda a te come esempio, che tu sia il Capo o l'ultimo arrivato. NON deluderlo mai.

5. NON COVARE RANCORE

Se per un qualsiasi motivo ti trovi in contrasto con un tuo camerata è tuo DOVERE parlare con lui immediatamente. Covare il minimo rancore distruggerà la tua comunità.

6. NON LAMENTARTI

Lamentarti di fronte a un camerata equivale a versare veleno. Questo sarà il tuo tabù. Puoi esporre le tue perplessità sul movimento o sulla militanza durante una riunione quando ti viene chiesta un'opinione riguardo a un fatto specifico. Se sei stanco e non ce la fai a svolgere i tuoi compiti, prima di accusare altri sappi che stai tradendo qualcosa.

7. CRESCERE È UN TUO DOVERE

Studiare la nostra storia, riflettere e comprendere appieno il significato del nostro ideale, seguire le iniziative culturali e di gruppi di studio, dibattere su questioni politiche, filosofiche o spirituali e soprattutto leggere è un tuo dovere. Molti si avvicinano a noi per affinità elettive, ma è tuo dovere comprendere a fondo il nostro ideale.

8. NON APPROFITTARE

Un tuo camerata non ti negherà mai un favore. Non metterlo in condizione di doverti negare il suo aiuto con richieste pressanti e fuori luogo.

9. ASSUMITI LE TUE RESPONSABILITÀ

La menzogna uccide. Se hai avuto una mancanza non giustificarti mai. Qualsiasi giustificazione può nascondere una menzogna: non mettere in condizione un camerata di dover dubitare di te. Rispondere «ho sbagliato» o scusarsi per la mancanza denota responsabilità. Non ne abusare.

10. NON ARRIVARE IN RITARDO

Un tuo camerata ha organizzato il suo tempo e il suo sacrificio in funzione della tua puntualità. Se c'è un contrattempo serio avvisa il prima possibile di quanto ritardi, in maniera che chi deve andare via possa organizzarsi. Anche se nessuno deve andare via e sta venendo per un appuntamento, l'orario che ti è stato detto ha una funzione fondamentale. Non dimenticarlo.

11. TIENI IN ORDINE E PULISCI SEMPRE

Durante il tuo servizio sporcherai e metterai in disordine per forza di cose. Pulisci e riordina ciò che tu hai usato e se trovi qualcosa di sporco e disordinato pulisci, riordina e con molta umiltà FALLO NOTARE a chi ti ha preceduto, qualunque sia il suo ruolo gerarchico. Sarà lui a doversi arrabbiare con sé stesso. E non sarai tu a covare rancore a un tuo camerata.

12. SII ATTIVO

In Cpi c'è una marea di lavoro da fare. Durante i tuoi servizi hai tempo sia per riposare e divertirti, ma hai anche dei compiti ben precisi da rispettare. Saper equilibrare queste due cose denota la tua serietà, non di fronte agli altri ma di fronte a te stesso.

13. NON CONSUMARE FUORI MISURA

Le nostre strutture, il cibo, la corrente e qualunque bene di consumo non sono a tua disposizione, ma sono a disposizione della tua comunità. Pensa continuamente a chi verrà dopo di te. Quando si mangia in comunità accertati che tutti i tuoi camerati abbiano ricevuto la loro parte. Se qualcuno deve ricevere qualcosa di meno per qualsiasi motivo, cerca sempre di essere tu.

14. SII OSPITALE
Quando qualcuno viene a trovarci devi farti in quattro per far riflettere nella tua ospitalità la nostra bellezza interiore. Non lasciare nessuno in disparte, soprattutto i giovani, i più restii ad aprirsi. Parla di noi e delle nostre iniziative e non parlare mai di altri esprimendo un qualsiasi giudizio.

15. SII PESSIMISTA ATTIVAMENTE
Tutto ci crolla intorno, tutto sta degenerando. Questo ti spinga ad agire, pensare e proporre. Non aderiamo a Cpi per farne il tempio della commiserazione, ma per piantare insieme il seme della Vittoria. Annaffialo con le tue idee, qualunque sia il tuo ruolo gerarchico.

Il *Miles* te lo fanno leggere quando vieni accolto ufficialmente. Lo si legge tutti insieme ogni volta che un nuovo camerata diventa militante. È una specie di battesimo pagano. A volte lo si fa durante il solstizio. A officiare il rito è il capo sezione. Ti vengono forniti gli strumenti morali, valoriali e concettuali per vivere da camerata in CasaPound. Da quel momento non sei più un normale cittadino. Sei un soldato al servizio dell'Idea.

Fascio-rituali

La mistica di Cp ha una forte componente pagana. È quello che ci ha sempre contraddistinto rispetto ad altre organizzazioni neofasciste, in primis Forza Nuova. Che è ultracattolica e ha legato la sua nascita a un santo (San Michele Arcangelo). Nella formazione e nella vita comunitaria dei militanti della tartaruga c'è una adesione profonda ai riti della tradizione; una tradizione che mescola il paganesimo delle destre germaniche, la cultura di derivazione greca e le suggestioni dell'Antica Roma – queste ultime particolarmente amate da Iannone. Il risultato è un calendario fitto, rigoroso, scandito da pratiche, appuntamenti, momenti di devozione, riflessione e formazione sul campo. Tutta roba alla quale il militante non può non prendere parte. Anche in questo caso: o sei dentro o sei fuori. O fai tutto quello che prevede l'adesione al movimento oppure non hai le credenziali per restarci. Da questo punto di vista c'è sempre stata una profonda disciplina da parte dei militanti. Un'ideologia e un credo politico possono essere anche più radicati di una fede. Vivi e agisci secondo i dogmi, rispetta le regole. Solo così, rispettando i dettami della comunità, sarai a tua volta rispettato dalla comunità e da chi la guida.

Prima di tutto c'è il solstizio. Lo facciamo due volte all'anno, la notte tra il 20 e il 21 giugno e la notte tra il 20 e il 21 dicembre. Per noi il solstizio è la base. Va fatto in modo molto serio. Il primo step è la preparazione. Nei quindici giorni che precedono il rituale si fa una sorta di digiuno: si mangia il minimo. E si pratica l'astinenza sessuale. Non è concesso fare sesso e nemmeno masturbarsi. È come una pulizia interiore, un avvicinamento a un appuntamento che per il *miles* è sacro. Poi ci si trova con tutti i camerati. Solitamente si scelgono luoghi isolati, in montagna, verso Rieti o tra Lazio e Abruzzo. Tanti solstizi li abbiamo celebrati a Fonte Egeria, in provincia di Rieti. È un posto magico dove c'è una fonte naturale. La scelta dei luoghi è legata sia alla riservatezza – non abbiamo mai voluto che ci fosse qualcuno che provasse a raccontare il nostro solstizio – sia alla posizione: deve essere lontano da strutture e da centri abitati.

Il solstizio funziona così. Di solito partiamo in tarda mattinata, arriviamo sul posto e ci accampiamo. Il solstizio è un momento mistico, magico. Capi e militanti stanno svegli tutta la notte; si aspetta tutti insieme l'alba, ovvero il Sole Nuovo. Durante la notte condividiamo esperienze personali e comunitarie. Ripercorriamo i momenti più importanti dell'anno, ognuno racconta in che cosa si sente cresciuto e migliorato, e quali sono invece le cose su cui vuole lavorare. Non è una seduta di psicoanalisi collettiva. È come fare il punto sulla propria crescita individuale all'interno della comunità. Tutto è legato alla militanza, all'evoluzione del tuo senso di appartenenza. Si possono leggere brani di libri, massime, i pensieri dei padri e dei personaggi di riferimento. Come brani musicali, oltre alle immancabili canzoni di ZetaZeroAlfa, Bronson e Spqr, vanno forte anche vecchi pezzi degli Amici del Vento. Durante le notti del solstizio si canta anche *Avanti ragazzi di Buda* e si ascoltano i cantautori, da Lucio Battisti a Rino Gaetano. I riti sono accompagnati dai saluti romani e, sempre durante i campi, come in ogni occasione comunitaria o conviviale, ci salutiamo con il saluto del legionario. Alcuni camerati danno il braccio anche alle militanti donne, altri no.

Un punto fermo per il militante neofascista, un rito perenne. Ogni gruppo neofascista lo declina a modo suo: c'è chi privilegia l'aspetto comunitario, l'accampamento, la notte trascorsa tutti insieme; e chi invece preferisce veicolarlo all'esterno, magari con immagini che suscitano reazioni. Per noi è sempre stato una cosa privata, interna alla comunità e che non va condivisa all'esterno.

Per raccontare la liturgia dei solstizi bisogna riassumere in breve la storia del movimento. All'origine, prima che nascesse ufficialmente CasaPound – che poi diventerà CasaPound Italia –, c'era la comunità romana Fahrenheit 451, ispirata all'omonimo romanzo fantascientifico-distopico di Ray Bradbury. Insieme a Fahrenheit nascono contestualmente gli ZetaZeroAlfa, che non sono solo un gruppo musicale, ma metapolitico, una comunità nella comunità, riunita intorno al Cutty Sark. Fahrenheit 451 pubblicava un giornalino («Lo scarabocchio»), una fanzine sulla cultura neofascista. Fahrenheit 451 dà origine a CasaMontag, il primo esperimento di Onc. Il nucleo duro è sempre quello che gravita intono a Gianluca Iannone, dominus di queste realtà. Quando nasce CasaPound, Fahrenheit 451 vive come una specie di corpo d'élite.

Al 451 si affacciano Simone Di Stefano e i fratelli Giombini. Iannone litiga coi soci storici e fondatori del 451. Che se ne escono. Per volontà di Gianluca, ai fuoriusciti dal direttivo subentrano Stefano e i Giombini. È a quei tempi che nascono i primi rituali pagani, il digiuno, l'astinenza, i ritiri spirituali e i campi: si stava via tre giorni, si andava per baite, ogni volta erano lunghe camminate per raggiungere il posto. C'era quello che c'è ancora oggi, anche se in tono molto minore. Il rito sacro della preparazione del fuoco acceso tutta la notte. Si fa un falò con un doppio cerchio di pietre intorno. Il falò viene acceso da quattro persone nei quattro punti cardinali: di solito tocca ai camerati più carismatici, o a quelli che sono stati protagonisti di cose rilevanti durante l'anno.

Tempietti e mercanti

Col tempo i ritiri in montagna e la pratica dei rituali sono venuti un po' meno. Iannone si è rotto le scatole delle camminate, della fatica fisica, di andare su e giù. Risultato: i solstizi abbiamo iniziato a farli in modo più soft, più scarico. I rituali sono stati tramandati in maniera più banale. Senza meditazione, senza i fuochi, senza la veglia del 20 dicembre. A volte i solstizi vengono persino posticipati.

In CasaPound qualcuno è riuscito a fare business anche su questi appuntamenti: Franco Nerozzi, per esempio, vendeva le lanterne solstiziali, la Yule che Himmler regalava alle SS naziste. Nerozzi è una figura strana: non è mai stato un militante, ma ha fatto parte degli Unici. Ha usato Cp come mezzo per raccogliere soldi. Con la sua associazione Popoli organizzava cene dove noi andavamo a servire. E chi partecipava dava soldi per i Karen, la popolazione della Birmania per cui si battono quelli dell'associazione Solid, la sigla che curava la raccolta e la distribuzione dei pacchi alimentari e le missioni umanitarie. Per andare lì si passava da Bangkok, un anno ci è andato anche Iannone. Quando rientrava dai suoi viaggi, Nerozzi portava a dirigenti e militanti delle magliette con la svastica.

Oggi è tutto diverso, sia nello stile della militanza sia nei rituali. È una dimensione che si è sostanzialmente persa. Ma c'è stato un tempo in cui i solstizi erano dei momenti talmente centrali che hanno persino determinato rotture ed espulsioni. Tra il 2018 e il 2019 apriamo la terza sede di Roma. C'è un solstizio «posticipato», i capi l'avevano fatto slittare a dopo Acca Larentia, e un militante dice di non poter venire. Gli rispondono: se non vieni, sei fuori. Ma non funziona proprio così: per cacciare qualcuno, ci dev'essere una decisione unanime della direzione nazionale. Perciò gli propongono: vieni e ne parliamo davanti al direttivo. Lo processano davanti a Iannone, Clemente, Antonini e Granato. Gli parlano di devozione, impegno, militanza. Però tutto sembra potersi aggiustare e il militante si illude di essere stato graziato, invece viene cacciato con le solite botte. In questo caso non educative, ma punitive.

Un altro rito di Cp è la costruzione del larario. Nell'antichità romana il larario era un luogo della casa riservato al culto dei Lari, le divinità venerate presso il focolare domestico. Insomma, un tempietto pagano che si realizzava in memoria e in onore dei propri defunti. Anche da noi ognuno si fa il suo larario e se lo sistema in casa. Solitamente si usano materiali come il legno e la balsa, qualcuno lo fa in muratura. Dentro ci metti quello che vuoi: fotografie, amuleti, scritti, oggetti simbolici che fanno rivivere le persone per te importanti, che magari hanno guidato – anche senza saperlo – la tua formazione. Di larari ce ne sono nelle sedi sia nostre sia di Fons Perennis. Nel mio, per esempio, ci sono Mussolini, Léon Degrelle, Italo Balbo, mio nonno (ex repubblichino) e la foto del cane che è stato vicino a me per quindici anni. C'è chi ci mette Himmler e Priebke, o i ministri del fascismo, Giovanni Gentile su tutti, per noi un riferimento. Il larario diventa un complemento d'arredo della sede o della tua stanza. Nella torre ogni appartamento ha il suo. Bisogna immaginarsi una specie di presepe laico, un altarino a cui rivolgi la tua devozione e da cui trai energia, sostegno e ispirazione. A tenere viva l'usanza è la parte più mistica e spirituale di Cp, a cui danno un notevole contributo di conoscenza e di ortodossia i militanti di Fons Perennis.

La sorgente perenne

Fons Perennis è un gruppo vecchio quanto CasaPound. È sempre stato vicino a noi, una realtà parallela alla nostra, anche se indipendente. Come anticipato, nascono a Roma, ma il loro centro è a Maccarese, una frazione di Fiumicino. Una sede che inizialmente era stata concessa in una sorta di scambio dopo che l'associazione aveva accettato di lasciare un'occupazione abusiva sulla Salaria. A Maccarese, i militanti di Fons possiedono una cascina, che però non è la sede ufficiale, e una grande tenuta. Per descrivere quelli di Fons bisogna dire, anzitutto, che sono un gruppo mistico-pagano. In questi vent'anni, Fons Perennis e CasaPound si sono contaminate l'una con l'altra. Tanti di loro bazzicano in Cp, e viceversa. Rispetto a noi, sono più integerrimi e spirituali. Anche loro metapolitici, praticano una vita comunitaria, fanno digiuni e rituali, ma molti più di noi. Il loro capo è un militare dell'esercito.

La loro cascina a Maccarese ha grandi camerate. È come un campeggio, un posto quasi bucolico che, soprattutto in primavera e d'estate, accoglie noi militanti di CasaPound. Ci andiamo a turno, a scaglioni, una quarantina per volta. Sia per i campi estivi, sia per quelli invernali. I campi sono come corsi di formazione (obbligatori), una settimana di fratellanza, sport, combattimenti e training di sopravvivenza. Il fine è cementare la comunità e il senso di appartenenza. E addestrare i militanti. Anche fisicamente, anche allo scontro e alla difesa. Alcuni corsi sono tenuti da dirigenti di Cp, come Davide Di Stefano e il bolzanino Andrea Bonazza. La settimana di formazione a Maccarese è riservata ai soli uomini: le donne non sono ammesse, perché quello che viene insegnato è considerato roba da maschi. E perché in Cp, come detto, le donne devono comunque restare in una posizione defilata, con ruoli e incarichi marginali.

I militanti di Fons sono molto identitari e orgogliosi. Si sentono in primis di Fons, poi di CasaPound. Siamo, si può dire, due vasi comunicanti. Gli iscritti sono una cinquantina, più i simpatizzanti. La maggior parte è gente del litorale romano, Fiumicino, Maccarese, Anzio, Nettuno. Ma qualcuno viene anche dalla Capitale. Alle nostre manifestazioni i camerati di Fons ci sono sempre, fanno anche il servizio d'ordine. Però non hanno mai riconosciuto Iannone come il loro capo. Ci sono militanti di Cp che prima facevano parte di Fons. Uno è Andreone, il primo fidanzato di Francesca Totolo. È un meccanico di Roma Nord che aveva messo un garage a disposizione di Cp, lì dove oggi c'è la sede della Banda Andersen, il club di centauri voluto e presieduto da Iannone (quando abitava ancora all'Arco della Pace con la Minoli). Un'altra che faceva parte di Fons è Francesca Romana Cristicini, quella delle foto e dei video porno su Onlyfans. Come questa sua inclinazione possa essersi conciliata con quell'ambiente non è ben chiaro. Sta di fatto che prima di dedicarsi all'intrattenimento online per adulti frequentava, appunto, un'associazione mistica che pratica rituali pagani come la «purificazione del guerriero». E che ha per simbolo due rune incrociate in un triangolo cerchiato. Che cosa c'entra una così con quelli di Fons che parlano di «rivoluzione interiore» attraverso la «pura azione», di «tempo del sacro» scandito da un «tamburo», e che hanno aperto una fattoria didattica dove producono vino in omaggio al dio Bacco? Cosa c'entra una come la Cristicini con un gruppo di persone che praticano l'esoterismo, che studiano e tengono incontri e letture su Evola, sui solstizi e gli equinozi, sui samurai, la vita zen e la cultura dei guerrieri giapponesi?

Cascina comune

Nel 2021 la polizia ha sgomberato gli spazi dell'Asl che Fons occupava dal 2008. E loro hanno risposto con un comunicato esemplare, che ha una sua potenza anche politica. «Lo spazio sacro di Maccarese è stato violato» hanno scritto. *Spazio sacro*, capito? I militanti di Fons si considerano una setta esoterica. Se lo Stato vìola un loro spazio, lo considerano un sacrilegio.

Sono così, studiano la storia, si documentano, sanno tutto dell'Impero romano e della Città eterna. Per loro prima della politica viene la mitologia epica. Ogni iniziativa o azione che compiono è declinata in ambito storico o mistico. Sono pagani, come noi, ma in modo totale, esasperato. Ce l'hanno con la Chiesa e se la sono presa con papa Francesco. Hanno come riferimento le divinità pagane, sia greche che romane. Nel «calendario della sacralità» di Fons Perennis c'è una data simbolo: il 7 gennaio, il giorno della commemorazione dei caduti. Noi il 7 gennaio ricordiamo i nostri morti di Acca Larentia. Tutto si tiene.

Fons Perennis è finita sui giornali e sui telegiornali per via del larario dedicato a Priebke e a Himmler, che la polizia ha sequestrato durante lo sgombero del 2021. Indignazione generale, perché nei locali di Maccarese c'erano volantini della Repubblica sociale italiana, simboli fascisti e nazisti, un pugnale, il busto del duce, oltre, ovviamente, a materiale di CasaPound. Ma il racconto che è stato fatto dai media era pieno di banalizzazioni. La vera anima di Fons è un'altra: meditano, pregano le divinità orientali, hanno un gruppo scout (Agire) che organizza campi scuola per i bambini e attività didattiche per gli adolescenti, in alcuni casi ragazzi difficili. Di tutto questo, ovviamente, nessuno parla: tutto 'sto cinema per due cimeli. Giustamente quelli di Fons se la sono presa anche con i giornalisti, che su quell'operazione hanno fatto inutile sensazionalismo.

Per Fons i poliziotti sono «barbari» e i giornalisti «cafoni». Chi non conosce il nostro mondo spesso scrive delle stronzate pazzesche. Semplifica, banalizza, confonde. Dopodiché nessuno di noi, e nemmeno quelli di Fons, si è mai nascosto e ha mai tenuto segrete le proprie idee. I nomi che per noi contano sono scritti sui muri interni della torre, li dichiariamo, senza nessun problema. Bellissimo un altro passaggio del loro comunicato dopo l'operazione di polizia del 2021: «Ecco cosa hanno trovato i barbari violando quegli spazi e quegli arredi sacri. Pensando di aver fatto il colpo grosso passandolo poi ai soliti giornalisti cafoni dello spirito, che hanno creato il caso da prima pagina sbagliando, difatti, alla grande nomi e contesti che sarebbe anche inutile provare a spiegargli…».

Quando Cp ha iniziato a perdere pezzi, Fons Perennis si è subito attivata. Si può dire che ci sono corsi in aiuto. Per dire, l'unica sezione romana di Cp che è rimasta aperta è gestita da loro. Hanno sempre collaborato e sono stati generosi. Alcuni di loro hanno fatto anche i turni di guardia alla torre. Dopodiché mantengono sempre la loro identità spirituale, anche naturalistica, diciamo. Ai rituali abbinano un regime di vita e alimentare sano e pulito. Dopo l'operazione della Digos non si sono fermati, anzi: hanno acquistato un casale dove fanno prodotti naturali.

Qui entra in ballo la storia di Terra Forte. Che cos'è? Un'idea di Iannone, uno dei tanti progetti pensati, ma non sempre realizzati. Un po' di tempo fa Gianluca propone a Fons Perennis di acquistare un'altra grande cascina con il progetto di farci una sorta di comune dove i militanti di Cp, e ovviamente anche di Fons, potessero andare a vivere – tutti insieme – da anziani. Su input del capo parte perciò una sottoscrizione, una specie di colletta o crowdfunding, per raccogliere fondi. Viene chiesto un contributo di cinque o diecimila euro a testa, ovviamente a quei militanti – pochi, in Cp – che avrebbero potuto permetterselo. Il posto per realizzare il progetto viene individuato dalle parti di Viterbo. Un bel gruzzolo è stato chiesto anche alla già citata Arianna Grandinetti, una donna benestante, militante e finanziatrice di CasaPound. Faceva parte degli Unici. Alla fine l'autotassazione ha funzionato e Fons il casale lo ha comprato davvero. È sull'Aurelia. Se e quando nascerà Terra Forte, tuttavia, è ancora da vedere.

La violenza come metodo

Schiaffi educativi

La violenza è sempre stata una componente importante in CasaPound. Anche quando abbiamo provato a negarla. Anzi, a maggior ragione. La neghi perché vuoi che resti. Perché la violenza è necessaria. Anche per far funzionare le cose all'interno della comunità. Per mantenere l'ordine, per evitare problemi, o per risolverli. Che poi i problemi ci sono comunque stati e a volte non sono stati risolti nemmeno con le botte. I capi lo hanno sempre detto che la violenza ci deve essere, e quando non lo dicono è solo perché lo fanno capire senza dirlo. Per esempio, pestando chi sgarra. Li abbiamo sempre chiamati «schiaffi educativi». Sono la base.

In tanti anni ne ho visti decine, di questi schiaffi. Funziona così. Se fai una cazzata – qualcosa che infrange il *Miles* o che è contrario alla mentalità e allo stile di Cp – vieni richiamato dal tuo capo sezione. E lui ti prende a sberle. Di solito i ceffoni partono davanti a tutti gli altri militanti, è l'umiliazione a cui vieni sottoposto. Devono vedere che paghi per quello che hai fatto.

Gli schiaffi sono il secondo livello della punizione «interna». Il primo sono le flessioni, che però ormai sono quasi scontate. Qualcuno le prende anche come una specie di prova di forza, di vigore. Mi punisci? Va bene, guarda come le faccio io, le flessioni... C'è chi inizia a farle e va avanti per far vedere che è forte. Una volta uno si è preso due schiaffi per questo, perché sembrava una sfida, un atteggiamento strafottente.

La prima volta che assisti agli schiaffi punitivi fa un certo effetto: soprattutto il fatto che chi le prende deve stare zitto. Ti prendono a sberle e non puoi fiatare. Al di là del fatto che nelle varie sezioni è il capo che ti schiaffeggia se sgarri, in Cp ci sono persone che hanno proprio il compito di dare schiaffi punitivi. Tra questi ci sono certamente Luigi Saraceni e Marzio «Montag» della sezione di Siena; Maurizio Galiano della sezione torinese; Andrea Bonazza di Bolzano; e poi Attilio Granato, Andrea Antonini, Diego Dal Cin (ex militante del Veneto Fronte Skinheads e nostro responsabile per il Veneto), Mario Bergamo (di Pordenone, come Federico Da Pieve), il veronese Luca Travaglia (condannato per l'aggressione al deputato del Partito democratico Arturo Scotto a Venezia) e Simone Laurenzi, coordinatore dell'Abruzzo. Tra coloro che hanno preso schiaffi educativi c'è anche Luca Marsella, il nostro attuale portavoce. Li ha presi da Davide Di Stefano.

Tutti gli episodi di violenza che in questi vent'anni hanno visto coinvolti militanti di CasaPound sono stati raccontati in modo superficiale. Non perché non siano stati quello che sono stati. Il punto non è nemmeno – come diciamo sempre per giustificazione – che abbiamo menato per difenderci. Ci sono state aggressioni premeditate, organizzate a tavolino. O comunque che sono partite da noi. E sono state decine. Quella a Trastevere contro i quattro ragazzi del Cinema America; quelle di Torino e Cremona; quella ancora a Roma, nei pressi del Cutty Sark, contro quattro giovani della Rete degli studenti medi e della Sinistra Universitaria dopo la manifestazione del Partito democratico in piazza Santi Apostoli; quella di Torino, contro il cronista de «La Stampa» Andrea Joly.

Ci sono state aggressioni dovute, «giuste», e altre stupide. Che non avevano senso, se non quello di farsi notare e di ficcarsi nei guai. Roba non da militanti, ma da stupidotti. Altri incidenti ci stavano, perché l'estremismo politico è anche questo. Penso agli scontri di Milano nel 2019 per il corteo per l'anniversario di Sergio Ramelli: non volevano farcelo fare, una decisione senza senso visto che la commemorazione di Ramelli si è sempre fatta e sempre coi saluti romani, come Acca Larentia. O gli incidenti di Verona per le chiusure del Covid e il green pass. A Verona ci sono stati anche i pestaggi e le cinghiate contro i tifosi del Marocco durante i festeggiamenti dopo la partita Marocco-Spagna dei Mondiali del 2022: questa è stata un'altra cretinata. Prendere a cinghiate dei *magreba* così, o delle famiglie e delle macchine con su dei tifosi che festeggiano per la loro squadra, è da ultras idioti, non da militanti che credono nell'Idea e in un progetto rivoluzionario.

Botte a Venezia

Di cazzate ne abbiamo fatte tante. Ma se esistesse una classifica, forse al primo posto bisognerebbe mettere Venezia. È stata una delle più grosse e inutili. Quando diciamo «Venezia» nella comunità sappiamo tutti che ci si riferisce all'aggressione al parlamentare del Pd Arturo Scotto. Era il Capodanno 2020 e i *butèi* di Verona decidono di festeggiare San Silvestro in Laguna. Nel gruppo ci sono: Luca Travaglia, detto «il Tosco», trentino, già condannato per violenze; Tommaso Bellavite, figlio di un noto primario di Verona, complottista e novax; Francesco Polacchi con la moglie Alessandra; e un nostro simpatizzante trentino, «Mex». Sono in giro per la città, dalle parti di Santa Lucia, quando incrociano Scotto e la moglie. Iniziano a fare cori fascisti, *Faccetta Nera*, «Boia chi molla» eccetera. Lei risponde a tono, così i camerati si avvicinano e prendono a schiaffi Scotto. Quello che ne fa volare di più è Travaglia. Li beccano guardando i video delle telecamere e la storia finisce con un processo e delle condanne. Se picchi un deputato in strada vuol dire che non hai capito niente: puoi anche detestarlo, può anche essere il peggiore sulla faccia della terra. Ma fare una cosa del genere significa solo sputtanarsi. Un concetto che tanti dentro Cp non hanno mai capito o elaborato. Una delle spiegazioni è che comunque per l'organizzazione l'essere violenti è anche un modo per presentarsi e per tenere su il nome del gruppo.

Anche se può sembrare assurdo, tutte le volte che CasaPound c'entrava con fatti violenti, dietro i tentativi di smentita o le prese di distanza i capi avevano un certo orgoglio.

Essere associati alla violenza e ai pestaggi è un modo per legittimarsi come movimento da temere. È stato così anche per la storia di Gianluca Casseri. Erano le 12.30 del 13 dicembre 2011, in piazza Dalmazia a Firenze, quando Casseri spara in direzione di alcuni senegalesi, ne uccide due e ne ferisce tre. Scatta una caccia all'uomo delle forze dell'ordine, finché l'uomo non viene trovato suicida in un parcheggio sotterraneo. Dopo anni in cui eravamo riusciti a costruirci una rispettabilità politica, quella era stata una caduta. Da Roma i capi dissero subito che Casseri era solo un «simpatizzante», insomma che Cp non c'entrava niente. C'era consapevolezza della gravità, e anche della ricaduta possibile. Ovviamente nelle sezioni si sapeva che Casseri non era un semplice «simpatizzante»: faceva parte del nostro giro, veniva alle manifestazioni, scriveva per noi. Un matto? Sicuramente. Ma il punto è che i nostri vertici, nonostante tutto, mentre prendevano le distanze dai fatti di Firenze nello stesso momento in cui uscivano le foto di Casseri ai nostri eventi, in realtà non erano affatto dispiaciuti che il nome di CasaPound girasse sulla stampa nazionale e in tv. A un certo punto non importava per quale motivo si parlasse di noi: l'importante era che se ne parlasse.

Portare l'ombrello

Il militante di CasaPound non deve mai tirarsi indietro. Sono i capi che ti insegnano a essere pronto per lo scontro fisico. Prima delle manifestazioni si dice sempre: «Portate l'ombrello che piove». Sì, gli ombrelli. Usati al contrario, magari con dei tondini di ferro sul manico. E poi certo le aste delle bandiere, anche quelle con il tondino. Le occasioni a volte sono banali. Sai che ci sono i compagni che presentano un libro? Arriva l'ordine, «andiamo a fare un giro», ti metti uno scaldacollo da tirare su per coprire la faccia e via.

Lo scontro lo cerchi. Come lo cercano loro. Il 19 ottobre 2013 ci siamo schierati in 150 a due passi da via Napoleone III per aspettare il corteo antagonista «No-Austerity» organizzato da centri sociali, sindacati di base e movimenti di lotta per la casa: avevamo tutti caschi, spranghe e tirapugni. Abbiamo cercato di raggiungerli sapendo che sarebbero passati in quel punto, il più vicino possibile alla torre. È un classico dei rossi. Ma mentre di solito stiamo dentro il palazzo a fare da guardia, pronti a rispondere in caso di attacchi o vandalismi, quella volta gli siamo andati incontro. La polizia ci ha ricacciati verso Napoleone III, altrimenti sarebbe scoppiato un casino.

Le botte le abbiamo sempre considerate una cosa che ci può stare. Anche necessaria a volte. A livello di formazione ci sono sempre state le arti marziali e la boxe. Tanti di noi hanno frequentato per anni il Circolo Combattenti, molti si sono dedicati al pugilato. Anche Simone Di Stefano lo praticava, nella palestra della sezione di Acca Larentia. Ma da lui inviti alla violenza di strada non ne sono mai arrivati. Da altri sì, non da lui.

Con gli antifa ci si picchia tanto. Su dieci aggressioni, in media ne vengono a galla una o due al massimo. Noi non denunciamo, loro sì, anche se sono querele che finiscono sul nascere. In Cp denunciare è vietato, è una regola: la denuncia non è contemplata. Un po' perché se sei contro il sistema e sogni una rivoluzione, l'ultima cosa che fai è denunciare. E un po' perché a Roma il termine «infame» è una delle offese peggiori. Quindi: se le prendi, non denunci. E se le prendi, ti becchi anche due schiaffi dal tuo capo sezione. La tua colpa è di averle prese. E devi stare in silenzio.

Un luogo comune da sfatare sono le botte agli immigrati. A noi non è mai interessato picchiare i magreba o i bengalesi. Sono cose che fanno altri gruppi, tipo Forza Nuova o, adesso, quelli che prendono di mira i maranza. Sono azioni stupide, senza senso. Abbiamo fatto le ronde in spiaggia contro i venditori ambulanti a Ostia, certo, ma nessuno ha fatto cazzate, violenze o altro. Quella era un'iniziativa politica. L'immigrazione la contrasti con azioni politiche, anche di strada o di piazza. Non alzando le mani. In vent'anni mai visti pestaggi a immigrati. Ci si picchia coi compagni, sì, ma non si fanno gli agguati sciocchi agli immigrati – immigrati ai quali pure ovviamente siamo contrari. Anche le violenze contro gay, lesbiche e trans: zero. In Cp ci sono tanti omosessuali latenti, ovviamente nessuno ha mai fatto e farà mai outing, ma non ce l'abbiamo con i gay.

Siamo vendicativi e rivendicativi. Se toccano qualcuno dei nostri, partiamo. Se ci provocano o se vengono a filmarci come orsi del circo, anche. Possono essere episodi casuali, improvvisi. Il caso Joly a Torino è stato così. Non ci siamo mai sottratti ad avere rapporti franchi con la stampa, con le nostre regole, ovviamente. Ma se entri in una sede e ti metti a filmare i camerati col telefonino, qualcuno che reagisce con modi sbagliati lo puoi trovare. Io Joly non lo avrei toccato, però lo avrei invitato ad andarsene perché era in casa d'altri senza autorizzazione.

Il comunitarismo è sempre stato un tratto forte di CasaPound. Almeno fino a quando sono iniziati i problemi, le faide, le epurazioni e le uscite. Ogni militante sa che se gli succede qualcosa gli altri ci sono. Ci si attiva subito. Una volta la fidanzata di uno dei nostri fu scippata a Roma. Pochi minuti e sono arrivati i camerati della sezione. Una decina. Hanno fatto delle ronde per cercare lo scippatore, sono passati anche dalle parti della stazione Termini, e quando i magreba e gli spacciatori hanno visto arrivare i ragazzi, disposti a triangolo tipo falange, tutti coi giubbotti neri, si sono dileguati, tipo fuggi fuggi. A un certo punto i nostri hanno visto il tossico che camminava a qualche centinaio di metri dalla stazione. Lo hanno preso e gonfiato di botte.

Modello «Zippo»

C'è stato un passaggio che ha segnato il degrado di CasaPound. Una volta si picchiavano solo i rossi, gli antifa. Poi qualcuno ha iniziato a uscire dai binari, da quello che per noi era una specie di codice di comportamento non scritto. Ci dicevano che prendersela con i deboli non era da camerati. Per la serie: nessuno si metta a pestare immigrati che vendono le rose, ecco. Ma in generale erano mal sopportate tutte le aggressioni rivolte a gente che non faceva militanza politica. Invece a un certo punto saltano le regole. Passi il pestaggio ai ragazzi del Cinema America nel 2019, perché erano sostanzialmente dei compagni. Passi anche la storia di Bari, quando l'ex europarlamentare Eleonora Forenza e un altro rosso sono stati malmenati dai nostri dopo una manifestazione. Ma altri episodi sono stati gratuiti e, secondo molti di noi, stupidi e controproducenti.

Uno di questi è sicuramente il pestaggio del cronista Andrea Joly. Che il giornalista fosse venuto a curiosare all'Asso di Bastoni, la nostra sede di Torino, era chiaro. Tutti sanno che si era messo a girare immagini anche ravvicinate, che era entrato nei locali della sede durante un nostro momento di festa. Se entri a casa di altri senza chiedere permesso a nessuno, sei fuori posto. Vale come regola da ogni parte, anche se vai in un centro sociale. Sarebbe interessante vedere cosa succederebbe se un giornalista entrasse senza autorizzazione nella sede di Askatasuna, lo storico centro sociale di Torino in viale Regina Margherita, e si mettese a fare dei video.

Comunque, probabilmente il cronista, forse perché giovane, non aveva messo in conto che poteva rischiare una reazione da parte dei nostri. O magari sì, ma se n'è fregato. Detto questo, chi lo ha aggredito ha fatto una cazzata. Uno così lo allontani, punto. Non gli metti le mani addosso. Ne abbiamo allontanati decine di giornalisti, anche con modi decisi. A ogni manifestazione c'è sempre un servizio d'ordine che serve anche a questo: a tenere lontani giornalisti e gente sgradita. Glielo dici, li inviti ad andare via. Succede per Acca Larentia, per Ramelli, a Direzione Rivoluzione, a ogni commemorazione. Anni fa cose del genere – intendo due sberle a un giornalista – non sarebbero mai successe. In nessuna sezione. La scazzottata con gli antifa sì, ci sono sempre state e ci saranno sempre. Le abbiamo sempre cercate. Ma menare un cronista – anche se è molesto, anche se insiste dopo che gli hai detto di lasciare stare – è da poveretti. Robe da Forza Nuova, da gente che pensa che essere fascista voglia dire dare uno schiaffo a uno che scrive o che ha una telecamera in mano. Roba da «ferlandia».

La gente associa CasaPound alla violenza. A prescindere da quello che facciamo, siamo etichettati così. Che un certo tipo di mentalità e di metodi abbiano una matrice violenta, si sa. Eppure per vent'anni Cp ha avuto per capo e volto pubblico uno che la violenza non l'ha mai sopportata né supportata: Simone Di Stefano.

Sui militanti protagonisti di pestaggi – l'ultimo caso finito a processo, a dicembre 2024, è quello del fotografo Roberto Tarallo, picchiato da alcuni dei nostri a Napoli il 12 ottobre 2023 per una spilla antifascista – c'è una specie di doppiopesismo. A volte sono stati persino ripresi o puniti dalla direzione, soprattutto quando i pestaggi erano immotivati. In altri casi sono stati difesi ed elogiati. Dipende molto dai rapporti interni, dai legami, dalle dinamiche di corrente. In ogni caso se a picchiare sono i capi, a parte qualche eccezione che pure c'è stata, va sempre tutto bene. Prendiamo il caso di Alberto Palladino, per tutti Zippo. È, insieme a Davide Di Stefano e a Francesco Polacchi, uno dei dirigenti storici del Blocco studentesco. Nel 2011 è stato arrestato per aver sprangato, insieme ad altri, alcuni militanti del Pd che stavano affiggendo dei manifesti al Tufello, un quartiere rosso di Roma. Per quell'aggressione Zippo è stato condannato a due anni e tre mesi. L'organizzazione lo ha sempre difeso e protetto. Ci siamo battuti prima per la sua innocenza e poi, una volta finito in carcere, per la sua liberazione. Quello di Zippo è un caso di scuola. La sua vicenda fa capire come la comunità e il movimento – quando a finire nei guai o a essere compromessi sono dei dirigenti che gravitano nell'orbita del nucleo centrale o che sono sotto l'ala protettrice di Iannone – si spendono con tutti i mezzi possibili. In primis quello del ricollocamento. Palladino infatti fu, diciamo, riciclato. Tolto dal Blocco studentesco, diventò prima cronista per *NoReporter* e poi inviato all'estero del solito «Il Primato Nazionale». Una parabola simile a quella del suo amico Francesco Polacchi, altro picchiatore. Dopo le sue esuberanze violente, i vertici decisero di incentivare la sua «svolta» imprenditoriale e di agevolare la nascita di Pivert e di Altaforte.

La violenza come metodo è uno degli insegnamenti non scritti dei nostri vertici. Che con il loro comportamento, orientano e indottrinano i giovani militanti. L'esempio più lampante è proprio Gianluca Iannone. A una edizione di Direzione Rivoluzione si è picchiato con Federico Da Pieve, uno di quelli incaricati di mollare schiaffoni educativi ai militanti che sgarrano. Non è stata una bella scena vedere il grande capo che picchia un dirigente, ma in Cp se a sbagliare è Iannone non è uno sbaglio, ma un fatto necessario. Ci sono state contraddizioni in termini. Faccio un esempio. Quando ci fu il caso Spada a Ostia, Di Stefano dichiarò: «La violenza è deprecabile». Iannone e compagnia lo redarguirono, gli dissero che non erano parole opportune. Per loro la violenza di Spada andava bene. Surreale. Perché in teoria noi – neofascisti italiani, nazionalisti, anti immigrati – avremmo dovuto poter dire che uno così non rappresenta il nostro modello di Nazione. E invece tutti zitti. Tutti attenti a non urtare gli Spada.

I medici da combattimento (sotto l'ombrello Nato)

Sociali. Quasi

Non siamo solo fascisti violenti. Abbiamo sempre avuto un'attenzione per il sociale e per la solidarietà. Sotto l'ombrello di CasaPound sono nate associazioni che operano per aiutare chi ha bisogno e che intervengono attivamente nei luoghi colpiti da catastrofi naturali e anche in teatri di guerra. La Salamandra – la nostra costola di protezione civile – in questi anni ha portato aiuti concreti in zone terremotate e alluvionate. Siamo andati a spalare in Abruzzo, Emilia Romagna, Sardegna, Molise. Senza mai tirarci indietro né cercare pubblicità o passerelle, come hanno fatto tanti leader politici, di destra e di sinistra. Abbiamo ripulito boschi, spiagge, parchi. Anche se poi, come al solito, si parte con buoni propositi e nobili intenzioni e si finisce sputtanando tutto.

Roma vuole che tutte le comunità facciano un determinato numero di «prestazioni»: eventi, volantinaggi, comunicati, azioni, blitz, proteste. E anche opere di solidarietà e in campo ambientale. Quando la singola comunità, per tanti motivi, non fa o non riesce a fare quello che dovrebbe, ricorre a un escamotage: si prendono quattro militanti e si finge di pulire un parco a caso, giusto il tempo di scattare cinque o sei foto e inviarle al responsabile della sezione. La stessa cosa è accaduta anche per le raccolte alimentari. Fuori dai supermercati si raccoglievano grandi quantità di cibo, che poi venivano smistate una volta al mese; altre volte ce le tenevamo noi e avevamo la spesa pronta. Ridendo si diceva: «Tanto siamo bisognosi anche noi». Sono finiti i tempi delle lunghe code fuori dalle nostre sedi, dove la gente veniva a prendersi il suo pacco. Anche le associazioni diretta emanazione di Cp che anni fa andavano forte e facevano tanto parlare – perché mediaticamente il giochino funzionava – oggi sono indebolite. Penso a Solid; penso alla stessa Salamandra, la nostra Croce rossa, e a Muvra, l'associazione che organizza escursioni in montagna per militanti e simpatizzanti.

Siria, Bulgaria, Bergamo

A queste iniziative e a queste attività, da circa un anno se n'è aggiunta una molto interessante, che unisce alcune naturali inclinazioni della nostra comunità: lo spirito spartano e militare, la difesa del territorio e un'anima umanitaria, intesa come sostegno a popoli oppressi o alle prese con conflitti. È storico il nostro impegno a fianco del popolo siriano e di Assad, un impegno che va avanti dal 2013. Nel 2023 una nostra delegazione guidata da Iannone e a cui ha preso parte Giovanni Feola, nostro candidato al VII municipio di Roma e fondatore del Fronte europeo per la Siria, è stata accolta con onori a Damasco dopo la riammissione del paese nella Lega araba. Quando la Russia ha invaso l'Ucraina ci siamo schierati convintamente con il popolo ucraino. Alcuni non erano d'accordo, ma hanno dovuto far buon viso a cattivo gioco e obbedire. Lì abbiamo capito che era arrivato il momento di rendersi operativi anche in zone dilaniate dai conflitti. È nata così l'idea di formare dei medici da combattimento, personale in grado di prestare soccorso in situazioni estreme.

Per farlo avevamo bisogno di un partner importante, credibile, con referenze internazionali ed esperienza sul campo. Così abbiamo iniziato a collaborare con EurPar Group, acronimo di European Paratroopers, tradotto: Associazione Europea Paracadutisti, un'organizzazione no-profit che ha formalmente sede a Erden, in Bulgaria, ma con una regia italiana, dato che il suo presidente è il nostro connazionale Giulio Festa, così come in Italia, a Salerno, è il suo vero quartier generale. Epa (European Paratroopers Association) – la sigla di cui è emanazione EurPar – nasce nel 2001 e dal 2022 include cinque organizzazioni che si occupano di diversi settori: Social Events, Military Parachuting, Combat Training, Volunteering Service e Humanitarian Aids.

EurPar Group è un'organizzazione (e una scuola di formazione) registrata nell'Unione Europea ed è accreditata dalla Nato a partire dal 2012. Ha operato e opera in decine di fronti di guerra internazionali, e ha formato e addestrato centinaia di operatori nel campo della sicurezza militare e – come in questo caso – sanitaria (EurPar è «orgoglioso fornitore di addestramento delle forze d'assalto aeree ucraine»).

Bergamo, 22 e 23 giugno 2024. Nella sede cittadina di CasaPound – La Cannoniera, in via Silvio Spaventa, in pieno centro – viene organizzata una due giorni specifica per formare, appunto, medici da combattimento. Le iscrizioni avvengono online e il corso è sold out. La full immersion ha come obiettivo l'insegnamento ai militanti delle tattiche e delle tecniche delle «Operazioni Speciali Ultimate». Stiamo parlando della migliore formazione medica disponibile sul continente europeo, con istruttori veterani delle unità d'élite della Nato. I militanti che hanno partecipato al corso hanno ottenuto l'attestato e il distintivo di medico da combattimento. In un appartamento al primo piano nella più o meno tranquilla Bergamo, sono state ventiquattro ore di studio e lavoro intense. Il fantastico istruttore e compagno di volo Jan Michael, insieme a un team di collaboratori, ha trasmesso ai militanti il background sanitario necessario a prestare soccorso in zone di conflitto. Esercitazioni, simulazioni, lezioni teoriche, dimostrazioni, video, numeri, studi scientifici. Come in tutti i corsi medici, ci si è esercitati con l'ausilio di manichini di plastica e protesi, e con la trasposizione in reali scenari di guerra.

Eroi dell'aria e croci d'onore

I camerati che hanno partecipato al corso hanno avuto un'opportunità eccezionale. La partnership con i paracadutisti di EurPar si è tradotta in altre iniziative condivise. Una su tutte: la Marcia Spartana, che avviene solitamente a Paestum. Ma anche lo Swat Team Leader Course, che si è svolto dall'11 al 13 ottobre 2024 a Giugliano, in provincia di Napoli. L'educazione spartana e i valori dell'antica Sparta sono da sempre un elemento cardine per noi. Poterli condividere con un'organizzazione no-profit così prestigiosa è un privilegio. Con Giulio Festa, anima e presidente di EurPar, c'è un rapporto di fattiva collaborazione: la difesa e il sostegno all'Ucraina, la dimensione militare e volontaristica, la formazione e la disciplina dei parà. C'è un filo che ci lega agli eroi dell'aria. Nel 2010 avevamo dato vita al progetto Istinto Rapace, un gruppo di paracadutismo sportivo che puntava a creare gli «arditi del paracadutismo». Padrino d'eccezione era Pietro Taricone, detto «il Guerriero», attore, già concorrente del Grande Fratello, morto in un incidente nel 2010 a Terni durante un lancio col paracadute.

Il *miles*, il paracadutista, il guerriero. Ma anche il medico da combattimento, appunto. La fascinazione per il bellicismo e per la turbovelocità, sintetizzata nell'etica del soccorso e degli aiuti umanitari, è stata una delle basi di Cp. Per noi militanti il corso di Bergamo ha avuto un alto significato simbolico anche per questo. I nostri camerati bergamaschi erano finiti al centro delle cronache nel 2022 per il pestaggio di un immigrato senegalese di fronte alla Cannoniera, la nostra sede. In realtà era l'uomo che aveva aggredito i camerati. Che si sono solo difesi. La Cannoniera, come il Cutty Sark a Roma, è il «pub più odiato di Bergamo», città amministrata da anni dalla sinistra, dov'è radicato l'antagonismo rosso del centro sociale Pacì Paciana. Nel 2018 facemmo un'iniziativa in un locale del centro, il P40, che per averci messo a disposizione una sala fu attaccato (una vetrina infranta) e boicottato. Ma come vuole l'«istinto rapace» dei parà, noi voliamo alto. Lo hanno ricordato i fratelli di EurPar il 14 dicembre 2024 a Rapla, in Estonia, durante la cena di Natale. Sui social, coraggiosamente e senza indugi, è stata presentata così: «Cena di Natale e social 2024, partito X-Mas dei Paracadutisti Europei». Il riferimento alla Decima Mas è palese, in questo caso senza alcuna ambiguità. Cena, tombolata, asta e premiazione. Durante la serata il presidente dei paracadutisti europei Giulio Festa ha conferito la Croce d'Onore Epa, la Croce al Merito e le Medaglie del Servizio Umanitario ai soci che hanno offerto servizio e impegno o sostegno finanziario alle attività dell'associazione.

Le sponde politiche

Il capitano opportunista

Da quando esistiamo, a fronte di un coro di critiche e condanne, siamo stati ascoltati, capiti, sostenuti, incoraggiati, difesi, tollerati – a vario titolo e in modi diversi – da tanti. Tanti ex missini, ovviamente: Alemanno, Buontempo, La Russa, Mollicone, la stessa Meloni, Frassinetti, Fidanza, Delmastro; e poi Salvini, Borghezio, Pillon. In ambito più locale, romano, Luca Gramazio e Nicola Colosimo. Solo per citare i nomi più noti. Spesso per convenienza, in altri casi per adesione ideologica alle nostre idee e proposte, anche se rappresentavano altri partiti e altri programmi. Il più opportunista è stato sicuramente Matteo Salvini. Quando è nata l'alleanza territoriale tra CasaPound e Lega, lui guardava al mondo dell'estrema destra perché aveva capito che c'era uno spazio da occupare. Noi eravamo in ascesa, e di quel mondo eravamo il movimento leader, il più attivo, il più fresco; facevamo campagne mediatiche martellanti, dosavamo marketing politico e una metapolitica spinta, fatta di slogan secchi, efficaci, di grande presa. Avevamo un seguito di giovani, nelle scuole e nelle università. Che per le sigle del neofascismo non era e non è affatto scontato. Sapevamo benissimo che Salvini ci usava, ma ci andava bene perché anche noi usavamo lui. La Lega era il primo grande partito che ci aveva offerto l'opportunità di giocare un ruolo su scala nazionale. Quando nel 2015 nasce il progetto Sovranità – affidato dai vertici del Carroccio a Raffaele Volpi –, Salvini stava rivitalizzando la Lega, una scalata che sarebbe continuata fino al massimo risultato ottenuto nelle politiche del 2018.

È stato un parto difficile, quello tra CasaPound e Lega. A noi, di fare politica istituzionale non fregava granché. Solo Simone Di Stefano sembrava convinto. La maggior parte dei militanti era interessata solo a fare casino, alle liturgie, ai saluti romani, a fare a botte coi rossi. E la politica, quasi tutta, ci vedeva come la pietra angolare del «male assoluto». Quando abbiamo chiuso il patto con la Lega, molti in Cp si lamentavano per le cose che Salvini diceva nei comizi o nei post: tipo «viva le forze dell'ordine» o «viva Israele». Noi, secondo Iannone, non potevamo permettere queste cose. Eravamo incompatibili con gli elogi a polizia e carabinieri, e a Israele. Iannone ripeteva a Di Stefano: «Devi dire a Salvini di non dire queste cose!». E Simone gli rispondeva: «E che devo dire io a Salvini cosa dire o non dire?». Quando eravamo alleati con la Lega, Iannone teneva più al giudizio degli skinhead di Milano che a quello che diceva Salvini. Ecco perché Sovranità non fu un'avventura semplicissima.

La trattativa del Pincio

Della Lega, come accennato, abbiamo sostenuto Mario Borghezio. Lo abbiamo fatto eleggere nel collegio Centro alle elezioni europee del 2014. È andata così. Chiediamo ai vertici del Carroccio se possiamo candidare uno dei nostri, che sarebbe stato Di Stefano o magari Antonini. Ci dicono di no. Le liste erano già chiuse, quindi ci spiegano in due parole che dobbiamo scegliere uno dei loro da sostenere. Uno che poi avrebbe preso alcuni dei nostri come collaboratori, e che avrebbe portato avanti le nostre istanze, i nostri temi. Scegliemmo Borghezio perché è uno che viene dal nostro mondo, stava in Ordine Nuovo. Avevamo puntato sulla Lega perché aveva già una radice di destra, con Gianfranco Miglio, il vecchio ideologo: alcuni leghisti venivano alle Università d'Estate organizzate da Rainaldo Graziani e da alcuni dei nostri alla Corte dei Brut di Gavirate. Miglio era legato ai camerati del Nord, al neofascista Maurizio Murelli e allo stesso Graziani.

Puntiamo su Borghezio per fare una prova di forza. Volevamo dimostrare a noi stessi, e non solo, di essere in grado di far eleggere un candidato. E anche e soprattutto per merito nostro, Borghezio vola a Bruxelles e a Strasburgo. Ma ci accorgiamo che, nonostante l'impegno e i voti che avevamo portato alla Lega, Salvini scuce poco. Nel 2015, l'alleanza Sovranità si inserisce nel progetto della Lega salviniana di espandersi al Centro-Sud. Hanno bisogno di una sponda capace di incidere, e a noi fa comodo politicamente salire su questo tram che ci viene offerto. Per noi, il progetto Sovranità era uno strumento che doveva servire a portarci a un livello elettorale. Ma nei nostri piani c'era anche il tentativo di fratturare la coalizione di centrodestra, creando questa specie di *rassemblement* sovranista.

Il primo banco di prova è la manifestazione di piazza del Popolo, debutto di Sovranità. La Lega, nonostante avessimo appunto fatto eleggere Borghezio l'anno prima, sotto sotto non è che gradisse un granché la nostra presenza sul palco. C'erano delle perplessità riguardo a Di Stefano. Ma come? Vi facciamo eleggere un europarlamentare, vi riempiamo la piazza e non fate parlare il nostro capo? Quel giorno ci raduniamo al Pincio, sopra piazza del Popolo. Stiamo lì e aspettiamo di capire come va la trattativa per l'intervento di Simone. Ma la scaletta prevede solo Salvini e Meloni, del nostro leader non c'è traccia. A discuterne sono lo stesso Di Stefano, Iannone, Antonini e Clemente con il senatore Raffaele Volpi, l'uomo a cui Salvini ha affidato la gestione dell'operazione Sovranità. Quando sembra che l'accordo stia per essere raggiunto, ci mettiamo in marcia dal Pincio e caliamo sulla piazza in duemila. E come i leghisti vedono tutti i camerati in corteo che entrano in piazza e riempiono l'area delimitata per il pubblico, danno l'ok definitivo all'intervento di Di Stefano, che avrebbe parlato dopo Salvini, Siri e Meloni. Alla fine è stata la potenza militare di Cp a convincerli a far intervenire il nostro segretario e portavoce.

Sovranità vive di vita propria, ma succede che quelli che si candidano alle elezioni finiscono nel mirino di Iannone. Che storce il naso, li bolla come carrieristi. Di fatto Sovranità finisce per due motivi. Il primo è, diciamo, politico: dopo il flirt Lega-CasaPound, Berlusconi ha richiamato all'ovile Salvini, ricompattando il centrodestra sotto le sue ali. Noi con Berlusconi non volevamo avere niente a che fare perché aveva sostenuto il governo Monti (così come non abbiamo più voluto avere niente a che fare con la Lega dopo il suo appoggio a Draghi); e poi il Carroccio aveva chiuso le porte a ogni nostra proposta di candidatura. Le elezioni in Umbria vanno male, prendiamo lo 0,8 per cento. Salvini inizia a «dimenticarsi» di noi, dopo averci usato, mentre Iannone continua a ripetere che Sovranità va chiusa, per lui deve restare solo CasaPound. E così è andata.

Anche dopo le manifestazioni e i comizi insieme – prima piazza del Duomo a Milano, poi piazza del Popolo a Roma – eravamo consapevoli che Salvini non c'entrava niente con noi e che noi non c'entravamo niente con lui. Abbiamo viaggiato insieme per un breve periodo solo per interesse reciproco. Andavamo di moda, funzionavamo, e Salvini sapeva che con noi avrebbe intercettato un elettorato nuovo, identitario, nazionalista. Non una massa di voti, ma una quota minima per dare un segno a un campo – quello della destra radicale – da troppi anni in cerca di un tetto e di politici di riferimento. I rapporti con la Lega li teneva Di Stefano, che si interfacciava con Volpi.

Con Salvini c'è stato uno scambio di mutua convenienza. Non so dire se e quanto sia stato alla pari. Lui si è appropriato di un nostro slogan – «Prima gli italiani» – e noi lo abbiamo usato per farci pubblicità. Ha indossato il giubbino Pivert allo stadio e il suo libro-intervista-biografia (quello delle polemiche al Salone del libro di Torino) è stato scritto da una dei nostri, Chiara Giannini, e pubblicato da Altaforte. Salvini con noi è stato furbo, ha fatto il politico, ci ha usato. Per quel che abbiamo potuto, lo abbiamo fatto anche noi, ma dei giochini politici non avevamo esperienza. Con Iannone, poi, era impossibile fare politica. Aveva dato l'ok, ma poi di fatto continuava a remare contro. Lui ha sempre voluto tenere Cp in versione militare, un po' da bunker. E quando ha visto che Di Stefano, Antonini e Clemente volevano fare politica-politica, che cosa ha fatto? Ha portato in direzione gente che la pensava come lui, che quella svolta non la voleva: il naziskin pordenonese Federico Da Pieve, il bolzanino Andrea Bonazza e altri.

Entrismo e Nar

Finita la parentesi leghista con Sovranità siamo andati per conto nostro. Eppure il punto massimo a cui siamo arrivati è stato l'uno per cento del 2018. Poi l'anno successivo c'è stato il flop delle europee e abbiamo deciso di non candidarci più. Da lì in poi l'idea – anche se non dichiarata – è stata di fare «entrismo», di infiltrare – diciamo così – altri partiti. Ma alla fine anche questa cosa non ha funzionato. Nel senso che a parte pochi, pochissimi casi legati più che altro a rapporti personali, di CasaPound non ci sono tracce né presenze concrete in nessun partito. Qualche lista civica, al massimo, a livello locale. Ma poca roba per un movimento che da vent'anni domina la scena del neofascismo.

Con Meloni e FdI non c'è mai stata ciccia. A parte i suoi ammiccamenti, di cui ho detto, lei è sempre stata sfuggente e ambigua nei nostri confronti. Eppure la sua parabola politica, per alcuni aspetti, ci ha incrociati. Meloni iniziò spuntandola su Simone Di Stefano, quando il Cuib di

Roma ovest (articolazione romana del Fronte della Gioventù) doveva esprimere il responsabile degli studenti. Tra i due candidati Fabio Rampelli, attuale vicepresidente della Camera dei deputati, scelse Meloni. Fu come un *X Factor* della destra sociale romana. Poi tra Meloni e Rampelli sarebbe calato un po' di gelo perché lui, in quanto talent scout, si aspettava di essere ricompensato in qualche modo. E invece ha vinto solo lei. Che è stata molto abile: è rimasta in Alleanza nazionale, ha fatto fuori Fini (che pure l'aveva portata avanti) e si è creata intorno delle strutture in grado di sostenerla. Da volto della sezione di Colle Oppio è diventata la capa di Fratelli d'Italia, dopo essere stata ministra con Berlusconi. Quando Meloni ha preso il comando del dicastero della Gioventù non ci ha nemmeno considerato: non ci ha mai aiutato, stava col Popolo delle Libertà, che cosa avrebbe potuto fare? E poi a noi non interessava, non le abbiamo mai chiesto niente.

Meloni, come ho raccontato, ha provato – direttamente o indirettamente – a far valere la sua influenza su di noi, ci ha cercato tramite Di Stefano e Clemente. Ma senza risultati. Oggi i nostri rapporti con la politica istituzionale sono flebili, al lumicino. I leader dei grandi partiti hanno smesso di corteggiarci. Quando organizziamo qualcosa non abbiamo quasi più sponde. Un po' è la naturale conseguenza delle nostre scelte non azzeccate, un po' è il segno di una stagione vicina al tramonto. Ci muoviamo in ambiti locali, sfruttando vecchi rapporti ed ex compagni di viaggio, in alcuni casi ex militanti o dirigenti.

Fabio Barsanti, per esempio, è diventato vicesindaco di Lucca. Era di Cp, uno dei nostri dirigenti chiave in Toscana. Il suo giro è quello dei camerati lucchesi, dello stadio, dei saluti romani. A Roma tra i nostri referenti c'è Nicola Colosimo, cugino di Chiara Colosimo, presidente della Commissione antimafia in quota FdI. Ventinove anni, pugile, già coordinatore nazionale del Fronte della Gioventù, Colosimo, che nel 2016 si candidò al consiglio comunale di Roma, è fondatore e presidente di Magnitudo, associazione da sempre vicina a noi. Nella sezione romana di Magnitudo – sempre a proposito di ex Nar – è stata ospite anche Francesca Mambro, insieme alla figlia avuta con Giusva Fioravanti, per una raccolta fondi di Nessuno Tocchi Caino, associazione per la quale i due lavorano. I rapporti tra Mambro, Fioravanti e Colosimo sono stretti e amichevoli. Colosimo è il delfino di Gianni Alemanno e vicesegretario nazionale del movimento Indipendenza!, fondato dall'ex sindaco di Roma. In una specie di simbolico passaggio del testimone – almeno negli intenti di Alemanno –, Colosimo dovrebbe essere il candidato sindaco di Roma per Indipendenza! alle elezioni comunali del 2026. Alla fine del 2024 ci siamo rivolti a lui per l'intitolazione di un giardino o di una piazza di Roma a un nostro militante, «Slimer», morto di leucemia e membro di una onlus del Gemelli. Un contatto ci ha detto che per provare ad avere l'ok avremmo dovuto fare richiesta a nome di un'associazione culturale che ha sede in una nostra vecchia sezione. Alla fine, anche in questo caso, non se n'è più fatto niente.

Qualche settimana dopo, il 31 dicembre 2024, Gianni Alemanno è stato arrestato. In tanti dentro Cp ci siamo chiesti come fosse possibile che uno che è stato ministro e sindaco di Roma fosse finito così: a Regina Coeli la notte di Capodanno per aver violato le prescrizioni della pena alternativa che stava scontando per una condanna passata. Gli abbiamo dato la nostra solidarietà, nonostante in passato ci siano state divergenze, anche nette. Eppure, da sindaco, voleva che il Comune acquistasse la torre per poi magari, chissà, darcela in uso o in affitto.

Alemanno, secondo me, ha pagato per due cose. Innanzitutto è uno che ancora adesso, grazie alle persone che ha inserito nella macchina comunale e nelle partecipate quand'era sindaco, si sbatte per fare favori a destra e a manca. Magari di favori non ne ha fatti a qualcuno che se li aspettava, o ne ha fatti alle persone sbagliate. Poi è rimasto politicamente scoperto. Lui ha sempre voluto fare il leader, ma non c'è mai riuscito. A un certo punto doveva scegliere: stare con Forza Italia – come Gasparri – o con Fratelli d'Italia. Non è andato né con gli uni né con gli altri. E ha messo su 'sto movimento Indipendenza! con l'iniziale aiuto di Di Stefano. Noi pensavamo che Simone se ne fosse andato per prendersi una poltrona in qualche partito importante, invece è finito con altri «disperati politici», con Indipendenza!, che è stata pensata come se fosse una corrente di destra di FdI. Non ha funzionato. In più, con le sue posizioni anti Nato, Alemanno si è messo contro il partito e il sistema. Lui era rautiano, ha sposato la figlia di Pino Rauti, è sempre stato non istituzionale rispetto alla destra post Alleanza nazionale. Dopo lo scoppio della guerra Russia-Ucraina ha preso posizioni scomode, idem sul conflitto israelo-palestinese. Con lui ci sono stati contatti, negli anni. Ma è stato uno dei tanti politici che, pur provenendo dallo stesso retroterra di tanti di noi, è rimasto lontano anni luce da CasaPound.

Dentro e fuori il palazzo

Dicono che siamo sempre stati indipendenti da tutti. Che non abbiamo mai avuto niente a che fare con altri partiti e organizzazioni neofasciste italiane. Non è vero. O è vero solo in parte. Da ormai quasi due anni, diciamo dal dopo Covid, facciamo iniziative insieme alla Rete dei Patrioti, gli scissionisti fuoriusciti da Forza Nuova. La maggior parte di loro è gente che prima stava con Roberto Fiore. E noi con Fiore siamo sempre stati in competizione. Ognuno faceva le sue cose, non c'è mai stata nessuna collaborazione, anzi. Poi, però, il quadro è cambiato. Nei mesi scorsi abbiamo fatto manifestazioni anche molto riuscite, come quelle di Bologna e Brescia. Ma chi si è stupito per questa nostra «svolta», per quello che qualcuno ha chiamato un nuovo «cartello nero», non considera che negli anni scorsi sui territori ci sono stati rapporti con Forza Nuova, oltre che con la Lega e Fratelli d'Italia.

Prendiamo, per esempio, il caso Verona. C'è una storia emblematica che racconta dei rapporti e degli intrecci nella destra estrema, dentro e fuori il palazzo. Andrea Bacciga, detto «Barzi», è un avvocato della Verona nera, un tipo stravagante che alle elezioni comunali del 2017, anche e soprattutto grazie ai voti dei neonazifascisti di Fortezza Europa (l'associazione di cui Barzi fa parte), entra in consiglio comunale con la lista Battiti dell'ex sindaco FdI Federico Sboarina. A inizio mandato, Bacciga, come da promesse, fa entrare in una municipalizzata Yari Chiavenato, moglie del capo di Fortezza Europa. Lei è straniera, non parla neanche benissimo l'italiano. Bacciga costruisce una sua piccola rete. Decide di fare un concerto in memoria di Jan Palach, il martire della Primavera di Praga, e per lo scopo mette insieme un gruppo per raccogliere i fondi necessari. L'associazione culturale si chiama Nomos – Terra e Identità. E per conto di Cp chiamano Anna Sugar.

Il progetto viene presentato in Comune con una conferenza stampa. C'è Fortezza Europa e ci siamo noi. È il novembre del 2018. Il concerto è in programma a gennaio, ma la location scelta salta: doveva essere il cinema teatro Le Stimmate, ma quando «la Repubblica» pubblica la notizia i gestori si sfilano. A questo punto Luca Castellini di Forza Nuova dice all'amico Bacciga, uno con cui veniva ricevuto dal sindaco Sboarina: «Se cerchi un posto, ve lo do io, ma dovete scrivere che il concerto lo organizza Forza Nuova». Roberto Bussinello, un ex Cp, fa a Bacciga la stessa proposta. Ma, aggiunge, l'evento deve essere marchiato CasaPound. Perciò si trova una nuova location, in una struttura a Castel Dazzano, in provincia di Verona, in mezzo ai campi. Il concerto è super gettonato, pieno di gente. Dopodiché succede un fatto non previsto. Il cinema teatro Le Stimmate – sul cui forfait si era aperto un contenzioso – riconosce all'Associazione Nomos cinquemila euro di indennizzo per mancato impegno del contratto stipulato. Sono soldi buoni per fare altre iniziative. La vicenda continua. Pochi giorni dopo Yari Chiavenato di Fortezza Europa chiama a rapporto Bacciga, e lo picchia per la storia del concerto. Per via dei diritti di immagine e perché si era preso meriti non suoi. Bacciga se la dà a gambe con i cinquemila euro (mai denunciato, non ha avuto conseguenze). Si candiderà ancora alle comunali. Fortezza Europa lo scarica e CasaPound lo sostiene. Lui prima bazzica un po' in Cp, poi entra nella Lega grazie a Vito Comencini, che da giovane militava da noi. Adesso Bacciga è in Fratelli d'Italia; non nella sezione di Verona ma in quella di un piccolo comune trevigiano, perché a Verona si è fatto terra bruciata. Insomma: il quadro, dopo essersi scomposto, si ricompone.

La mia storia in Cp

La comunità dell'Ordine

Ho iniziato a frequentare CasaPound nel 2003, ma avevo già avuto contatti con alcuni di loro che stavano nell'élite di CasaMontag. Comincio bazzicando da semplice simpatizzante una sezione di Roma centro, dove poi conoscerò Ilaria, all'epoca fidanzata e oggi moglie di Davide Di Stefano, diventata nota nell'ambiente perché si dice che Caterina Guzzanti abbia preso ispirazione da lei per il personaggio di Vichi di CasaPound nella trasmissione *Un Due Tre Stella*.

In quella sezione si percepiva l'ideale. Per anni Cp mi è sembrata l'unica comunità capace di trasmettere i valori della militanza, del legame, della fiducia. Prima avevo frequentato altri gruppi neofascisti, mi ero avvicinato a Meridiano Zero, dov'è transitato anche il ministro Giuli, ma me ne sono allontanato velocemente. Troppo filosofico e poco comunitario. Io cercavo un luogo dove incontrarmi con altri fratelli che condividevano l'Idea.

Se devo fissare un momento topico nella mia militanza penso agli scontri di piazza Navona del 2008. I nostri ragazzi del Blocco studentesco contro i collettivi di sinistra. Quelle immagini mi hanno affascinato più di tante altre. I fratelli che ho visto scontrarsi in piazza Navona, quei giovani camerati che hanno affrontato a testa alta i rossi, mi avevano ispirato forza, entusiasmo e fiducia. L'idea di una comunità forte che si schiera, che combatte insieme, fianco a fianco. Nei cinque anni precedenti, dopo la botta di adrenalina dell'occupazione della torre, non avevo più vissuto un picco di energia e di entusiasmo come quello che mi avevano trasmesso i nostri giovani negli scontri di piazza Navona. A volte la militanza può anche essere noiosa: vai alle conferenze, alle presentazioni di libri, fai cose, attacchinaggio, volantini. Ma l'azione è un'altra cosa, l'azione è una scarica di passione e di coraggio. L'altro elemento che mi ha sempre attratto di Cp – fin dal primo giorno – è il rigore: il fatto che ti facevano sudare e meritare la militanza. Ancora oggi, anche se molto è cambiato, funziona così. Il rigore non si è perso.

Entrare nel movimento non è facile. Prima di diventare militante devi fare un lungo percorso. Inizi come simpatizzante: vai, ascolti, fai piccole cose. Io ho cominciato attaccando qualche manifesto, preparando la colla per l'attacchinaggio. Per un paio d'anni ho partecipato a incontri, conferenze, presentazioni di libri. Andavo sempre alla Tana delle Tigri, al Cutty Sark e ad Acca Larentia. Facevo volantinaggio nelle università e nei licei. Ecco, dopo tutto questo, avendo dimostrato costanza e impegno, sono diventato un militante. È stato come entrare in una cerchia esclusiva.

Ricordo con grande nostalgia la fase in cui abbiamo fatto il salto di qualità: da movimento territoriale e scolastico CasaPound era diventata un'organizzazione politica. Eravamo entrati nelle istituzioni, in diversi consigli comunali, da Todi a Bolzano. Da parte dei militanti c'era una grande fascinazione per Simone Di Stefano. Eravamo tutti colpiti dalla sua forza tranquilla, dalla sua capacità di non perdere mai la pazienza. Essere forte ma senza scomporsi. Credevamo davvero all'idea di poter fare una rivoluzione dal basso. La figura di Simone era centrale. Anche se, sinceramente, io ero stregato da Davide, un leader nato ma, a differenza del fratello, anche un leader tiranno: non ha paura di nulla, si butta nella mischia senza troppi calcoli, è un tipo molto severo, si arrabbia per niente, è estremamente rigido sull'ordine e sulla disciplina che devono regnare nell'organizzazione. Anche se poi, negli anni, ho capito che tutto quel rigore era finalizzato soprattutto ai suoi interessi.

Il sogno sfumato del manipolo

La mia prima vera campagna elettorale da militante è stata quella per le comunali di Roma, nel 2013. Il candidato sindaco era Simone Di Stefano. Non andò malissimo, per noi fu un primo volano. Il clou sono state le politiche del 2018. Girava qualche soldino in più, andavamo in tv con Simone che si confrontava con i leader degli altri partiti, eravamo carichi. Sembravamo una macchina, tutti pancia a terra per cercare di entrare in Parlamento. Lo ricordo come un anno di grandi sacrifici, manifestazioni, una campagna elettorale a tappeto su e giù per l'Italia. Con tutte le sezioni al servizio della candidatura del nostro portavoce.

I militanti lavoravano a staffetta su tutto il territorio nazionale. Facevamo collette per organizzare viaggi, incontri con i giornalisti, conferenze, eventi, spot elettorali. Sembrava che andasse tutto bene, è stato un momento comunitario altissimo, noi militanti eravamo entusiasti. Negli ultimi giorni di campagna elettorale c'era grande euforia: sono stati gli unici momenti in cui il portone di Napoleone III era sempre aperto, con un viavai continuo di capi sezione, militanti, simpatizzanti, giornalisti. Eravamo davvero convinti di riuscire a sfondare il tetto del tre per cento. Invece prendemmo l'uno. Che era tantissimo, più di 300.000 voti, ma non bastò per entrare in Parlamento. Per portare il nostro manipolo dentro il Palazzo. Lì scattò una delusione abissale. Avevamo capito che, pur con tutte le nostre forze, quello era il massimo risultato che potevamo raggiungere. Davanti a noi si apriva un bivio: potevamo prendere la strada giusta – costruendo a partire da quel risultato – o quella sbagliata. Abbiamo preso quella sbagliata.

Da militante, la cosa più coinvolgente di Cp è stata ed è la ritualità. Su di me ha avuto molta presa. Il calendario dell'anno è scandito: si inizia a dicembre col solstizio, poi Acca Larentia, poi la Tana delle Tigri a giugno, a Colle Oppio, poi la tre giorni di Direzione Rivoluzione, il primo weekend di settembre. Quest'ultimo appuntamento è stato itinerante per un po' di anni: Milano, Lecce, Montecatini, Revine Lago (verso Treviso). Poi ha messo radici a Grosseto, dove va in scena da qualche anno.

L'aspetto più bello è sempre stato quello dei momenti comunitari. Organizzi il tuo tempo sulla base di questi impegni, non ti senti mai solo. C'è chi vive CasaPound come me. Altri invece si avvicinano all'organizzazione pensando di fare i guerrieri della notte: persone anche pericolose, a volte impresentabili, gente che inneggia a Hitler, con la svastica tatuata. Che però vengono quasi sempre allontanate.

Tatuaggi, marketing e bugie

L'edizione del settembre 2024 di Direzione Rivoluzione è stata molto deludente. Probabilmente diventerà anche la mia ultima volta, anche se questa cosa la ripeto da cinque anni ormai. Il problema è che c'è sempre meno gente e le conferenze – che un tempo erano uno dei nostri fiori all'occhiello – sono praticamente scomparse: tra gli ospiti non c'è nessun personaggio di spessore, e men che meno qualcuno capace di scaldare i cuori. Il discorso di Iannone è stato patetico: lui, che prima ci teneva incollati e ci dava la carica per affrontare tutto, ha perso la verve e non riesce più a tenere in mano la platea. È apparso stanco, sembrava non stesse nemmeno benissimo. Ha fatto un discorso molto breve, trito e ritrito, quasi biascicato. Sembra passata un'era glaciale da quando noi militanti aspettavamo il raduno per ritrovarci, c'era sempre una gran folla anche ai concerti e Direzione Rivoluzione era piena di iniziative e contenuti. Si facevano bellissime uscite con i sub del gruppo «Diavoli di mare». Poi i ring per fare sparring, e almeno sei postazioni a ogni festa per farsi tatuare. I tendoni gremiti di camerati, si beveva e si mangiava tutti insieme, si vedevano tutte le comunità, ognuna coi suoi banchetti pieni di magliette e gadget, se ne vendevano a centinaia. Solo bei ricordi...

L'impostazione è sempre stata molto rigida. Facciamo un esempio: i tatuaggi. Si sa che i camerati li amano, soprattutto di un certo tipo. Ma per poterti tatuare il simbolo di Cp – la tartaruga frecciata – o la sigla ZZA (ZetaZeroAlfa) devi avere il consenso di Iannone. Non è concesso a tutti tatuarsi il simbolo (in questo momento immagino la gioia – si fa per dire – di Gianluca e degli altri capi all'idea che i diritti d'autore del simbolo siano in mano a una donna, Anna Sugar, odiata e bandita dalla comunità). Quindi esiste anche la sacralità del tatuaggio come segno di appartenenza. In poche parole: il tatuaggio in Cp te lo devi meritare. Anche quello. E a decidere è sempre il grande capo.

La tartaruga io me la sono tatuata durante la tre giorni di Lecce del 2014. Era il 7 settembre. Mi ricordo ancora quell'edizione, c'era anche Borghezio. Per me è stata speciale proprio per via del tatuaggio, è stato come un battesimo. Ero stato ammesso ufficialmente a far parte di una grande famiglia.

In CasaPound ho vissuto anni esaltanti. Anni di battaglie, di cortei, di militanza vera. Da quando sono entrato a oggi avrò partecipato a una cinquantina di manifestazioni. Uno pensa che i nostri cortei siano il risultato di un metodo organizzativo maniacale, come se fossimo un piccolo esercito dove l'ordine e il rigore dettano legge. Ma non è esattamente così. Ogni manifestazione è preceduta da un gran lavoro: organizzare i pullman, tenere la conta delle adesioni, chi viene, da dove, con che mezzo eccetera. I problemi non mancano. Tante sezioni gonfiano i numeri dei partecipanti. Ti dicono: veniamo in cinquanta, e poi sono in cinque. Poi, anche se in misura minore rispetto a un tempo, c'è tutto l'aspetto legato al marketing: il materiale, le magliette, tante manifestazioni vengono organizzate più che altro per vendere tra i militanti.

Ma anche in questi eventi c'è una sorta di liturgia, passaggi sempre identici negli anni. Per prima cosa, il momento del raduno: ci si trova sotto la torre, tutti i militanti delle varie comunità – anche quelli che vengono da fuori – si danno appuntamento in Napoleone III, in strada, fino a che si forma la «squadra». Poi c'è l'inquadramento: dicono che i fascisti sono ordinati e lo sembra, ma non è poi così vero. Quando ci raduniamo, all'inizio sembriamo dei pecorai, per compattare e inquadrare si fa una fatica bestia. Ci sono alcune regole da rispettare. Primo: mai le donne sui lati, le donne sempre in mezzo al corteo. Secondo: in testa stanno i capi. Terzo: si formano delle file orizzontali larghe e distanziate, per sembrare più numerosi. Mi viene in mente il corteo di Acca del 2018, quello del quarantesimo anniversario: di gente ce n'era tanta, mai vista così tanta. Ma prima di postare le foto, le abbiamo ritoccate con Photoshop, così il serpentone umano sembrava quasi infinito. Come dal parrucchiere, abbiamo messo l'extension.

«Acca»

La manifestazione di Acca Larentia è uno dei momenti più importanti dell'anno per noi. Una volta inquadrati davanti alla torre, partiamo in corteo, prendiamo la metro a piazza Vittorio e scendiamo a Colli Albani. Per il giorno della manifestazione ogni anno facciamo un accordo con il Comune: i tornelli delle stazioni della metro di piazza Vittorio e Colli Albani rimangono aperti per due o tre ore, il tempo di arrivare sul posto tutti insieme. Una volta a destinazione, altro raduno. Ci si aspetta tutti. Altro inquadramento, e poi da lì di nuovo in corteo fino allo slargo di Acca. Se penso a quell'appuntamento mi vengono in mente decine di cortei. Tutti belli, qualcuno di più, qualcun altro meno, magari un po' più scarico. C'è stato un anno che non posso dimenticare e che fa capire che cos'è Acca per noi. La solennità, anche. E il fatto che quel momento, che è il momento dei camerati, non è violabile da nessuno. Nemmeno dagli stessi militanti.

È il 2019 o 2020. Io sono in terza fila rispetto all'ingresso della porta. Facciamo il «presente». C'è la scalinata piena, quella a destra dell'ingresso. La scelta di chi deve chiamare il «presente» è una cosa delicata. Spetta a Iannone decidere chi può e deve farlo. Da notare: a Simone Di Stefano – nonostante fosse il segretario nazionale – Gianluca non l'ha mai fatto fare. In compenso, nel 2025 il «presente» l'ha chiamato lui, Iannone. Comunque, tornando all'Acca di quell'anno, non ricordo chi fosse stato scelto, ma insomma parte la chiamata e nel momento in cui siamo ancora tutti schierati, prima del riposo, dalla scala si sente un altro camerata che chiama un altro «presente». C'è un attimo di confusione, nessuno capisce, poi sento un brusio e dei rumori, come se fosse caduto qualcuno. Pensavamo che «Budino», al secolo Simone Montagna, un militante della sezione di Roma Nord, avesse avuto un malore. Dopo pochi secondi sento altri rumori: erano botte. No, non era Budino che stava male. Era successo che un camerata – non dei nostri – aveva avuto l'incauta idea di lanciare un suo «presente». E Iannone lo ha preso a schiaffi davanti a tutti e lo ha rimesso al suo posto. Giustamente.

Ci sono state altre manifestazioni molto belle. Il corteo all'Aquila, potente. E poi Trieste, il 4 novembre 2018. Era la manifestazione di chiusura delle celebrazioni per l'anniversario della Grande guerra. C'era tantissima gente, è stato un corteo molto sentito. Trieste è una città di destra, ma non molto calda e accogliente per questo genere di appuntamenti. C'erano state delle contromanifestazioni, i compagni si erano mobilitati e alle finestre comparivano scritte tipo VIA I FASCISTI DA TRIESTE. Ricordo il grande braciere posto al centro della piazza dove c'è stato il comizio finale di Simone. Arrivavano i capi delle principali sezioni italiane, ognuno con un pugnetto di terra raccolto nei luoghi sacri della Grande guerra, che poi lanciava nel braciere. Quel giorno il presidente Mattarella era in visita al Sacrario di Redipuglia, ma lì non ci hanno permesso di andare perché la polizia temeva si creassero tensioni.

A Trieste ci siamo tornati nel 2022. Altra manifestazione, ma in qual caso ci sono stati anche scontri con la polizia, con Iannone tra i protagonisti. Sul capoluogo friulano c'era Francesco Clun, un limitante di Cp che negli ultimi tempi aveva preso spazio. E Iannone gli aveva dato credito. Poi anche a Trieste abbiamo iniziato a perdere numeri e peso. La questione foibe ed esuli istriani ha fatto da catalizzatrice per anni. L'abbiamo cavalcata alla grande, intestandoci le battaglie e le rivendicazioni, e la campagna per portare il dramma degli infoibati al centro dell'attenzione nazionale. Ma non siamo stati bravi a convogliare quell'energia, a mantenere la tensione. Risultato: quando Fratelli d'Italia è cresciuta, si è intestata la battaglia. E andando al governo l'ha fatta propria, elevandola a un livello istituzionale molto più robusto e rappresentativo rispetto al nostro, che è sempre stato metapolitico.

Terroristi o scappati di casa?

Altre botte con i rossi. Bei ricordi perché gli scontri, nell'ideologia fascista, sono fortemente identitari. Le botte venivano neanche troppo sottilmente idolatrate, soprattutto da alcuni del direttivo. Mentre il segretario ha sempre mantenuto un atteggiamento molto distante dalla violenza, non ha mai partecipato a scontri o pestaggi, neppure alle cerimonie «educative» o punitive verso i militanti, una gran parte del direttivo caldeggiava la violenza come unico metodo comunicativo. Più sei grosso, più sei violento e aggressivo, più fai parte della comunità.

Nel 2016, a Roma, ci fu un concerto di un gruppo skinhead di sinistra della Sharp (SkinHeads Aganist Racial Prejudice). Uno dei nostri si era trovato da solo in zona e aveva preso un sacco di botte dagli skin rossi. Quando rientrò in sezione sanguinante, in prima battuta gli rimproverarono di averle prese, perché prenderle da quella gente era proprio uno smacco. Poco dopo partirono i nostri della sezione. Fecero un giro perlustrativo e trovarono un gruppetto di redskin: partì l'assalto. Pugni, cinghiate, calci. Un pestaggio velocissimo ma intenso. Ritornarono in sezione trionfanti, con una maglietta con l'elmo troiano e un paio di bretelle. Da lì canti, abbracci e birra per festeggiare.

Ma questi episodi cominciavano a infastidire alcuni militanti e responsabili di sezione, soprattutto quelli che avevano un'idea più politica del movimento e sapevano che scorribande del genere attirano negativamente l'attenzione mediatica. Parlo di tutta la frangia più legata a Simone Di Stefano. Oppure di quelli che, crescendo, avevano bisogno di un lavoro e con la faccia tatuata o l'atteggiamento da ribelle di strada non riuscivano a trovarlo. Dopo l'episodio degli skin rossi si era creata una specie di spaccatura tra militanti: quelli più duri e violenti rivendicavano la necessità degli scontri coi compagni; gli altri, quelli più politici, aspiravano a far crescere la comunità e a renderla più impegnata sulle questioni politiche. Di fronte ai metodi ritenuti da alcuni eccessivamente rozzi e duri, c'era chi osava mettersi di traverso. Cosa che in un'organizzazione come la nostra può essere controproducente. Uno dei dirigenti della sezione Magliana, forse intuendo il progressivo degrado di CasaPound Roma, osa ribellarsi andando contro la dirigenza. E cosa fa? Scrive una lettera alla direzione dicendo che avevano trasformato l'organizzazione in un gruppo di violenti e grossolani o – per eccesso o per paradosso – di affaristi, il cui unico scopo era quello di arricchirsi. Speculando sulla passione politica dei militanti e contravvenendo alla purezza e allo spontaneismo degli ideali. Insomma: senza una via di mezzo, quella della virtù e dell'Idea. Com'è finita? Che il dirigente della Magliana è stato convocato alla torre, riempito di schiaffi educativi e infine cacciato.

Io provengo da una famiglia poco interessata alla politica. Si potrebbe dire né di destra né di sinistra. Anche se per qualche anno i miei hanno simpatizzato per Berlusconi. Ma più per l'uomo che per il politico. Quando mi sono avvicinato a Cp nessuno nella mia famiglia ci ha fatto caso: forse perché non la conoscevano. Poi col tempo, quando i media hanno iniziato a parlare dell'organizzazione, sono cominciate le angosce e i musi lunghi. Se andavo a un incontro o a una manifestazione era come se partecipassi a una riunione dei Nar per progettare un attentato.

Non era tanto una questione politica o ideologica, erano proprio timori legati alle cronache. Per dire: mio nonno era fascista – fascista perché nato in un periodo storico che secondo lui aveva visto anche un miglioramento delle sue condizioni di vita, in particolare per le tutele sul lavoro –, era uno che cantava *Faccetta nera*. Eppure quando frequentavo la torre anche per lui era come se stessi andando a combattere contro le Brigate rosse negli anni Settanta. Idem per i miei genitori. Mi ripetevano: ma chi sono questi? Un gruppo di disgraziati senza arte né parte, dài. Di scappati di casa, violenti, squadristi, gente che vuole attaccare lo Stato. Ogni volta che c'era una notizia di cronaca che riguardava Cp, iniziavano: e adesso? Ci arriverà la polizia a casa? Ci sveglieranno all'alba per le perquisizioni? Le angosce sono andate avanti per anni. Quando c'è stata la vicenda Spada o quella di Casseri sono diventati martellanti. A ogni picchetto la nonna diceva il rosario. Mi raccomandava di stare attento, di non lasciarmi trascinare. Anche la mia fidanzata ha sempre vissuto male la mia militanza. Mi diceva: «Tu che sei così intelligente, che bisogno hai di risplendere in mezzo a dei minorati mentali?».

Insomma, convivevo con queste reazioni. A volte pensavo che i miei famigliari avessero ragione. Anche perché dopo il 2018 CasaPound, complice la narrazione dei media, sembrava essere diventata un covo di reietti che cercavano un senso di comunità attraverso lo spirito di condivisione non del fascismo, ma del disagio. Il meccanismo era questo: io sono un disperato, non so cosa fare, e cerco un gruppo che mi accolga nella mia disperazione. Secondo una logica non tanto diversa da quella dei kamikaze che scelgono il martirio.

Nonostante tutto, ho tirato dritto. Non mi sono mai sentito in colpa verso la mia famiglia perché quello era ed è il mio ideale. Certo, a volte mi pesa dover dare giustificazioni o mentire. Anche se in certi momenti penso «ma dove sono finito?», prevale l'Idea. E sono sempre rimasto lì. Nell'attesa di decidere. Ho un fratello di sedici anni, quando sono entrato in Cp non era ancora nato. Frequenta il terzo anno di un istituto tecnico, ma la sua scuola non è politicizzata, a lui la politica non interessa, e tutto sommato per fortuna. Mio fratello non prova ammirazione per quello che faccio. L'anno sorso, per un brevissimo periodo si è avvicinato al Blocco studentesco, ma è stata un'esperienza finita sul nascere. Sono cambiate tantissime cose da quando ho iniziato io. Si è persa – se non del tutto, almeno in parte – l'idea della comunità come famiglia. CasaPound oggi ricorda più un circolo carbonaro.

Falsi miti

Cosa vuol dire essere un militante di Cp? Come vieni visto all'esterno? All'inizio ci fai caso, poi te ne frega sempre meno, poi invece – crescendo – misuri le reazioni e magari capisci anche cosa non funziona nell'organizzazione. In questi ventidue anni ho potuto vivere le reazioni sulla mia pelle. La militanza in un movimento di estrema destra porta a essere percepiti in modi ambivalenti. Prendiamo, per esempio, i genitori degli amici di mio figlio. Qualche papà ti strizza l'occhio, magari ti fa il saluto del legionario, alcuni millantano militanze presunte e improbabili. Ma ci sono anche quelli che ti disdegnano e ti emarginano. All'inizio molta gente ti taglia fuori, in qualche modo. Oppure ci sono quelli che ti fanno l'occhiolino, ma è una finta.

A Roma, con le belle giornate, quando ti scopri e metti in bella mostra i muscoli, capita di incrociare qualcuno con dei tatuaggi, e allora tu guardi lui e lui guarda te per capire se sei un amico o un nemico. In quest'ultimo caso, da giovani magari partiva la corsa a tirare due schiaffi. Adesso c'è solo un veloce sguardo di sdegno. Finora i miei tatuaggi non sono mai stati un problema, almeno per me: li ho sempre esibiti con orgoglio, come segno di appartenenza. Ho le rune, da lì vedi chi sono, e capisci come la penso e cosa faccio.

Alla fine te ne freghi. Anzi, ne vai fiero. Le uniche preoccupazioni che ho avuto sono state per i miei famigliari. Quando sono successi dei casini, ho avuto paura che la mia militanza potesse creare problemi ai miei. La Digos a casa. O ritorsioni in giro da parte dei compagni.

Dopo il flop alle elezioni europee del 2019, Cp ha avuto un crollo. Ma, anche se messo a dura prova dalle questioni interne, in tanti di noi l'orgoglio è rimasto intatto. Una dimostrazione è stato il corteo del 19 ottobre, in piazza San Giovanni. C'era la grande manifestazione del centrodestra: sul palco Meloni, Berlusconi, Salvini e i moderati-centristi. Dopo giorni di polemiche sulla nostra annunciata presenza, partiamo dalla torre. Un corteo nemmeno grandissimo. Il servizio d'ordine lo facevano i militanti di Fons Perennis, disposti in cerchio intorno a Simone Di Stefano. Era lui a guidarci, insieme ad Andrea Antonini e Marco Clemente. La gente ci applaudiva lungo il percorso, tutti volevano parlare con Di Stefano e stringergli la mano. E tra noi pensavamo: ma perché non ci avete votato?

Entriamo in piazza San Giovanni sotto l'obiettivo delle telecamere. Tanti di noi avevano giubbini e magliette Pivert. Di Stefano aveva chiesto di poter parlare dal palco, ma, al solito, non gliel'avevano permesso. Allora abbiamo deciso di fare solo presenza. Volevamo esserci, e la gente ci applaudiva. Tutti si aspettavano di vedere simboli fascisti, saluti romani eccetera, ma sono rimasti delusi. Nel nostro corteo c'erano solo tricolori, senza nemmeno i vessilli di Cp. Venivamo da una bruciante sconfitta elettorale, ma era chiaro, anche dai discorsi pronunciati dai leader della destra in quel periodo, che tante delle nostre idee erano state fatte proprie da Meloni e Salvini. Di Stefano lo disse chiaramente: «CasaPound esiste da sedici anni, ha un programma politico su cui tutti hanno messo le mani per prendere proposte, come la nazionalizzazione delle autostrade o il reddito per i bambini appena nati. Mi sembra che sia un patrimonio di idee interessante che mettiamo a disposizione di altri, però vogliamo esserci».

Alle proteste sulla nostra presenza – in particolare era stata Mara Carfagna a porre un problema di incompatibilità tra noi e quella piazza – Di Stefano rispose: «Che cosa volete ancora? Neanche ci candidiamo più. Non abbiamo niente da chiedere, non abbiamo intenzione di far parte di nessuna coalizione, non metteremo mai più il nostro simbolo sulle schede elettorali. Non capisco dove sia il problema».

È stato tutto molto bello e coinvolgente fino alla débâcle delle europee. Dopo abbiamo cominciato a perdere i pezzi. L'entusiasmo e la voglia che c'erano all'inizio si sono indeboliti. Anche i capi non sapevano più bene dove andare, che direzione prendere. La militanza e l'appartenenza hanno iniziato a svilirsi mano a mano: e compra il libro, e compra la maglietta, e compra questo e compra quello. Ricordo le presentazioni di certi libri assurdi, con noi militanti praticamente obbligati a esserci e a comprare l'ennesima t-shirt Pivert.

Finché è scoppiato tutto. L'uscita di Simone Di Stefano è stata lo *showdown*, la fine politica di CasaPound. Politica, ripeto. Perché è vero, l'organizzazione continua a vivere, ma rispetto a un tempo facciamo cose marginali. Più che altro conferenze, presentazioni di libri, qualche concerto. Un tramonto a cui si è arrivati gradualmente. E il segno è stata la manifestazione delle mascherine tricolori contro il green pass del 30 maggio 2021. Lì tanti di noi hanno intuito che qualcosa si era definitivamente rotto. Sul palco c'era Luca Marsella, mentre il corteo era guidato da Nervo Polacchi che lanciava cori da stadio mai visti né sentiti prima. Per niente in linea con le altre manifestazioni – quando a guidarle c'era Di Stefano, più sentite, composte e formali –, né con lo stile della militanza che ci ha sempre contraddistinto.

Infami traditori

Molto è andato perso, è ormai chiaro. Eppure, anche se sembra incredibile, ufficialmente noi militanti non abbiamo mai saputo nulla delle faide interne tra i capi e della profonda scissione in corso. Ci tenevano tutto nascosto. Tant'è che alla tre giorni di Direzione Rivoluzione del settembre 2021, a Grosseto, io sono rimasto spiazzato come tanti. Ok, in piazza a Roma con le mascherine tricolori si era già capito che gli ingranaggi si erano inceppati. Ma lì a Grosseto gli effetti della faida furono plasticamente visibili: il nome di Simone Di Stefano non figurava in nessuno degli eventi, era rimasto fuori. Poi all'ultimo, a poche ore dall'inizio, fu stampata una locandina corretta, dov'era previsto il suo intervento. Ma il discorso che fece era qualcosa di simile a un addio. Di Stefano ci esortò a fare il meglio per il futuro, ma senza il suo solito piglio positivo. Un chiaro indicatore della frattura insanabile in atto. Il discorso fu accolto da una standing ovation, che però non cambiò nulla. La sostanza era: Di Stefano arriva, parla e se ne va.

Dopo quel passaggio, noi romani ci chiediamo: «Ma cosa cazzo sta succedendo?». Capiamo che l'addio di Simone è l'inizio di un percorso che avrebbe portato Cp a perdere smalto e pezzi. Nonostante tutto, da militante, decido di rimanere in attesa. Però vedo che le sezioni continuano a chiudere: chiudono i negozi Pivert di Polacchi (anche nelle città più grandi e rappresentative, tipo Torino, Milano e Bolzano), liquidano le librerie, «Il Primato Nazionale» non esce più in versione cartacea ma solo online. I capi nascondono la crisi ai militanti, continuano a mettere la polvere sotto il tappeto. Se ci avessero detto «siamo in crisi, dobbiamo ricompattarci e combattere» sarebbe stato diverso. Di sicuro ogni camerata avrebbe fatto la sua parte, sarebbe stato anche stimolante, una nuova sfida, una prova di militanza. E invece niente. Intanto l'andazzo è quello: chiude una sezione, poi un'altra, poi un'altra ancora; tizio se ne va, esce anche quell'altro; e chi esce viene additato come «infame traditore» sulle chat. Se uno abbandona, il suo nome finisce nei messaggi dei vari gruppi. Dove l'ordine è: bloccatelo.

Il punto più basso per Cp, e per noi militanti, è stato il febbraio del 2022. Una sera, nella chat di sezione compaiono questi messaggi: «Di Stefano è scappato come un sorcio»; «Se ne è uscito per farsi i fatti suoi, ci ha mollati in un momento di difficoltà per andare con FdI»; «Ha abbandonato la nave come Schettino... Di Stefano è come Schettino»; «Altro che duro e puro, era già d'accordo con Meloni».

Messaggi del genere girarono in tutte le sezioni, e per noi militanti fu una grande delusione. Pensare che uno dei due fondatori, nonché segretario nazionale, aveva lasciato l'organizzazione in quel modo era un colpo terribile per noi che credevamo nell'Idea. L'ordine fu di stare tutti compatti e di biasimare il «traditore». Girarono voci di ogni genere: che era, appunto, tutto programmato con Antonini per salire sul carro della Meloni (visto che entrambi la conoscevano fin da giovani), oppure con la Lega – cosa che Antonini aveva già tentato di fare senza successo. E ancora: che Di Stefano non aveva mai creduto alla rivoluzione, ma voleva solo un posto caldo; che sia lui sia Antonini avevano tradito Cp dopo vent'anni di storia. Risultato? Lo slogan lanciato da Iannone e dal nuovo portavoce Marsella era: «A chi resta!». Slogan che ha imperversato su social e meme. Tutti, a partire dai nomi di spicco fino all'ultimo dei militanti, eravamo d'accordo nel dire che Di Stefano era stato un bastardo traditore.

Si crea un clima pesante. Sospetti, ossessioni. I vertici vietano a noi militanti di scambiarci messaggi. La palla di neve diventa una valanga. Alla narrazione del Di Stefano traditore, del Di Stefano falso, noi militanti ovviamente crediamo. L'organizzazione ha raggiunto il suo scopo. Che poi è un metodo: screditare la persona senza dare spiegazioni, senza la possibilità di un contraddittorio. Vietando ogni tipo di comunicazione tra camerati, nessun dibattito, nessuno può né deve capire. Bisogna solo obbedire agli ordini, com'è da sempre in CasaPound. Lui, Di Stefano, dice: non voglio più tornare su questo argomento, i motivi della mia scelta sono esclusivamente politici.

Oggi, passati tre anni, possiamo dire che le cose non sono andate così come ci sono state raccontate da Iannone. Di Stefano è andato via per motivi suoi, di certo non perché doveva entrare in Fratelli d'Italia. Dove infatti non è mai entrato. Non c'era nessun accordo con Meloni. E lui, da quando è uscito, non ha mai parlato. È finito nell'oblio e non ha più fatto nulla a livello politico.

Dentro o fuori

Nell'organizzazione è difficile entrare ed è difficile uscire. È difficile entrarci per via di quei due anni di avvicinamento, una specie di tirocinio durante il quale devi dimostrare abnegazione, sacrificio e lealtà. Poi è difficile uscirne per diversi motivi.

Primo: se entri in CasaPound vedi sempre e solo i camerati, la comunità diventa la tua famiglia. Ci passi anni e nel frattempo non vedi nessun altro, molli gli amici, a volte anche i famigliari. Quindi chi esce rischia, almeno all'inizio, di ritrovarsi spaesato, a volte solo. Deve ricostruire i rapporti. Sai che hai combattuto o combatti per l'Idea, quindi ne vale la pena. Eppure, calcolando che in Cp, a parte pochissime eccezioni che confermano la regola, siamo quasi tutti poveri disgraziati, per molti è complicato ricostruirsi una vita dopo che hai lasciato l'organizzazione.

Secondo: militi in un movimento in cui vige l'intimidazione silente, il ricatto, la paura della vendetta. Peggio ancora per chi fa l'infame. Gli infami noi li chiamiamo «i Buscetta». A Roma la parola «infame» ha un peso maggiore che in qualunque altra parte d'Italia. È bollato come tale chiunque parlando – non solo con la polizia – mette nei guai i suoi camerati. In questo i gruppi neofascisti assomigliano molto alle associazioni mafiose e ai gruppi ultrà.

Gira voce, ma non ne sono sicuro, che quando Di Stefano uscì e si scatenò la campagna denigratoria nei suoi confronti, lo stesso Simone abbia donato i diritti del simbolo – la tartaruga frecciata – alla veronese Sugar. La quale teoricamente – da quel che si dice – avrebbe oggi l'effettiva disponibilità del simbolo, e potrebbe dunque farne l'uso che vuole. Sugar viene descritta da tutti come una donna perfida e vendicativa – qualcuno la soprannominava «Frau Magda», come la moglie di Goebbels. Io ho avuto occasione di parlarle solo un paio di volte: una all'inaugurazione di una sezione ad Anagni, l'altra alla manifestazione dell'Aquila. In entrambe era stata di poche parole, sembrava non le interessasse molto chiacchierare. Era attenta solo che la sua comunità veronese fosse ben posizionata nel corteo. Di certo è una tipa altezzosa e dominatrice, caratteristiche che in Cp non ti portano molto lontano.

Ma tant'è. Se è vero, come pare, che il simbolo di CasaPound è nelle mani di Sugar, chissà, forse qualcuno sa anche che cosa potrebbe farne. È un'ipotesi. È un po' quello che è successo a Salvini con la Lega. Ma Sugar è sparita, non la si sente più, si è ritirata.

Un caso di «infamia» che ha fatto rumore nella nostra comunità è stato quello della sezione di Vicenza. È un episodio che mi è rimasto impresso. Avendo conosciuto e incontrato in più occasioni i camerati di quella città, li ritenevo – ed erano ritenuti da Roma – una bella comunità da cui prendere esempio. La sezione faceva un gran lavoro sul territorio, aveva persino due sedi nella stessa provincia e raggruppava un bel numero di militanti intorno a Leonardo Tempesta, il capo sezione. Un giovane che puntava a entrare nel Palazzo, cioè nel potere politico locale. A Vicenza facevano molte iniziative e manifestazioni, e c'erano ottimi contatti con la politica. Il peso di quella sezione aveva iniziato a oscurare altre realtà del Veneto, come quella di Padova, che si diceva fosse caduta in disgrazia. O altre più piccole, composte da pochissimi elementi che non riuscivano nemmeno a pagarsi una sede, ma che erano guidate da figure molto care a Iannone, come Diego Dal Cin e Federico Da Pieve.

Alle volte le invidie interne hanno portato a veri e propri sabotaggi politici. Certi personaggi non volevano lasciare a Tempesta carta bianca nel gestire la politica locale (liste elettorali, partecipazioni). E quando lui si è avvicinato a Elena Donazzan, assessora regionale di Fratelli d'Italia, ed è entrato nel suo staff da ufficio stampa durante le elezioni regionali e comunali, qualcuno a Roma ha storto il naso. Si dice che, dopo l'ennesima intromissione che bloccava la scalata di Tempesta, quest'ultimo abbia deciso di uscire in blocco da Cp con tutti i suoi ragazzi. Parliamo di cinquanta militanti, un'emorragia notevole. Questa scissione, nella narrazione di Roma, viene raccontata così: una delegazione di capi del Nordest, guidata da Polacchi, ha fatto irruzione all'improvviso nella sezione vicentina, e oltre a essersi ripresa tutto il nostro materiale – bandiere, magliette eccetera – ha malmenato Tempesta e il suo direttivo locale. Ed è quello che effettivamente è successo.

La vicenda di Vicenza è stata un monito per me. Mi ha fatto capire che cosa può comportare la scelta di lasciare CasaPound. Quando ho pensato di andarmene, la paura di rappresaglie e di possibili vendette mi ha sempre frenato. È quello che ti può succedere quando stai in un'organizzazione come la nostra. Starci dentro per tanti anni ti cambia, forse non sempre in meglio. Chi lascia si sente addosso una specie di doppio stigma: quello intimo, personale, e quello che ti appiccicano addosso capi e capetti, e di conseguenza gli altri militanti.

Conto alla rovescia

Mi guardo intorno. Nella comunità vedo e sento tanti malumori, una frustrazione diffusa; tanti militanti faticano a trovare le motivazioni e si riconoscono sempre meno nei vertici del movimento. Forse perché i modelli a cui guardare sono sempre meno virtuosi.

Tra le tante cose cambiate nel tempo c'è la responsabilità dei capi. In Cp, essere il capo era un onore talmente grande che tutti gli oneri che ciò comportava venivano assolti con grande orgoglio. Diventavi capo sezione per meriti e dedizione. Eri riconosciuto e rispettato da tutta la comunità. Se succedevano casini o pestaggi, il capo era sempre in prima linea, si accollava la maggior parte delle responsabilità: era lui che per primo si faceva avanti, sia per strada sia con le guardie. Ora invece, con le nomine fatte a caso, calate dall'alto in base alle simpatie di Iannone e del suo entourage più stretto, troppe volte le sezioni vengono assegnate a degli incapaci. Ragazzetti, magari anche muscolosi ma totalmente privi di cervello. Smidollati che incitano soprattutto i più giovani blaterando cose assurde tipo: «La città è in mano ai negri e ai maranza perché voi non siete capaci di fare le cose... Non presidiate il vostro luogo... Vi fate pisciare in testa dai *magreba* spacciatori», e cose così. Questi ritornelli sono diventati talmente martellanti che spesso portano a conseguenze incontrollabili e ad azioni che non appartengono alla nostra storia: militanti che escono a fare le ronde e menano gente a caso, beccandosi denunce per rissa e rimediando condanne e processi. Ma chissà perché, i capetti non ci finiscono mai in mezzo, la loro fedina rimane pulita, salvo poi bearsi con il direttivo delle querele e delle pene prese da altri, come fossero medaglie loro. Queste cose le vedo da anni e le ho sentite troppe volte in tante sezioni d'Italia. Che più sono lontane da Roma, più gestiscono le cose a loro piacere.

Quando ci sono casini di strada, a rimetterci sono sempre i militanti più giovani, i più ingenui. Quelli che si fanno infinocchiare e fomentare, e che, credendo di guadagnare punti agli occhi dei capi, fanno cose che poi si ritorcono solamente contro di loro. Anche perché i procedimenti e gli avvocati costano. Per questo motivo dentro Cp era nata un'associazione, la Società degli scudi, che aveva lo scopo di raccogliere soldi attraverso la vendita di magliette o l'organizzazione di eventi per poter pagare le spese legali dei camerati che si erano beccati una querela per motivi politici. Che si trattasse di un volantinaggio abusivo o delle botte date ai compagni, poter attingere a questo fondo era un piccolo paracadute che la comunità metteva a disposizione di chi era alle prese con guai giudiziari. Abbiamo fatto tanti incontri e venduto gadget che ci hanno permesso di raccogliere migliaia di euro. Ma, al solito, quei soldi sono stati usati per pagare le spese legali solo dei membri del direttivo o di chi decideva Iannone. I ragazzetti si sono sempre arrangiati: non si è mai visto un euro per loro.

Anch'io una volta mi sono trovato in quella situazione, con una denuncia per un attacchinaggio non autorizzato. Ma ho dovuto arrangiarmi, nessun aiuto e nessun contributo nonostante mi fossi già beccato – pagandomi l'avvocato – un processo per scontri. L'unica cosa che mi hanno detto è stata questa: «Tanto tu studi ancora... vai a gratuito patrocinio». Una balla. Essendo sotto i miei genitori, il reddito che faceva fede era il loro. Così mi sono ritrovato una parcella mica da ridere. Ovviamente da parte dell'avvocato di Cp, che con il suo mega studio in centro non è uno a buon mercato.

È anche questo, quello economico, uno dei tanti aspetti che mi hanno portato, e mi portano ogni giorno, a riflettere. Continuare con la militanza? Provare a far sentire le mie ragioni di fronte ai dirigenti? O uscirne e cambiare vita? È un dilemma che mi attanaglia da qualche anno. Negli ultimi mesi, in modo sempre più pressante, tanti hanno attraversato questa fase. È come un travaglio interiore. Il gruppo che per anni ti ha fatto sentire un soldato politico, il gruppo che è stato anche famiglia, comunità, squadra, a un certo punto inizia a diventare una maglia stretta. È come se lì dentro non ti trovassi più a tuo agio, sia nelle relazioni con i camerati, sia, soprattutto, per quanto riguarda l'idea di militanza. E l'impostazione rispetto a un'ideale. Il nostro. Quello che si ispira al fascismo. Che molti di noi hanno visto tradito. Da chi? Dai vertici di CasaPound.

Post Scriptum

Fine estate 2025.

Il 21 agosto nell'agenda della cronaca e della politica italiana irrompe la vicenda Leoncavallo. Dopo trentuno anni e 133 tentativi andati a vuoto, lo storico centro sociale di sinistra di Milano viene sgomberato dalle forze dell'ordine su disposizione del ministero dell'Interno.

Il caso deflagra e diventa politico: la sinistra parla di una decisione autoritaria e liberticida, e difende il Leoncavallo. La destra sostiene e rivendica la decisione di restituire i locali occupati ai legittimi proprietari. Nel dibattito, incendiato dalle polemiche, confluisce subito CasaPound. Si parla di noi perché la sinistra inizia ad agitare lo slogan: «E allora CasaPound? Perché non viene sgomberata?».

Ci paragonano al Leoncavallo. Ma è un paragone improprio. I leoncavallini hanno occupato un edificio privato che era stato inizialmente a loro concesso. Noi occupiamo un edificio pubblico, sottraendolo al degrado e alla speculazione, nel cuore di Roma, in un quartiere multietnico dove la nostra presenza non ha mai creato alcun problema di ordine pubblico. Nella nostra sede, nel corso degli anni, hanno trovato una casa, un sostegno e una comunità almeno un centinaio di famiglie, e attualmente trovano rifugio una ventina di nuclei famigliari in difficoltà ed emergenza abitativa.

Dopo il pressing mediatico e del centrosinistra, il ministro dell'Interno Matteo Piantedosi ha dichiarato alla stampa che sarebbe in programma anche lo sgombero di CasaPound. Ma a differenza di quel che è successo al Leoncavallo – dove al momento delle operazioni nessun militante era presente – i nostri leader hanno ribadito che se e quando polizia e carabinieri si presenteranno in via Napoleone III ci troveranno lì, all'interno della torre, pronti a difendere la sede che è anche la nostra casa.

Io non so se ci sarò. Troppe cose mi hanno disilluso, ferito, e non sono andate come dovevano andare. Lo sgombero potrebbe essere l'inizio di qualcosa di nuovo. Anche per la stessa CasaPound, che oggi è agonizzante. Lasciare quell'edificio storico e simbolico potrebbe alla fine rappresentare una via d'uscita dignitosa rispetto al lento ma inesorabile degrado, alla frammentazione politica e all'oblio che sta intaccando da tempo l'attività di un'organizzazione che, nel bene o nel male, ha lasciato una sua impronta nella storia della politica italiana e dell'estrema destra del Paese.

Deciderò all'ultimo se stare sulle barricate per difendere il palazzo oppure no. In ogni caso sarebbe un evento epocale, che lascerebbe dentro di me un'amarezza di fondo. Perché quell'edificio contiene vent'anni della mia vita, dei miei ricordi, della mia storia, e degli ideali in cui ho creduto.

Sono curioso di vedere se al momento dell'eventuale sgombero si riuniranno capi e capetti di ogni grado fuoriusciti dall'organizzazione negli ultimi anni. Come diceva Simone Di Stefano in chiusura dei suoi discorsi: «Essere esempio, sempre uniti, fino alla fine, fino alla vittoria».

Anche se, in questo caso, di vittoria non si può proprio parlare.

Nota dell'autore

Quando *Il libro segreto di CasaPound* va in stampa, il palazzo del demanio occupato nel 2003 non è ancora stato sgomberato e continua a ospitare alcuni dirigenti dell'organizzazione insieme ai loro famigliari, oltre a qualche famiglia indigente, rigorosamente italiana.

Indice

Finito di stampare nel mese di settembre 2025
per conto di RCS MediaGroup S.p.A.,
da Rotolito S.p.A., Via Sondrio, 3, Pioltello (Milano)
Printed in Italy